Anselm Grün

Was der Seele gut tut

Anselm Grün

Was der Seele gut tut

Herausgegeben von
Rudolf Walter

HERDER

FREIBURG · BASEL · WIEN

MIX
Papier aus verantwor-
tungsvollen Quellen
FSC® C014496

2. Auflage 2016

© Verlag Herder GmbH, Freiburg im Breisgau 2015
Alle Rechte vorbehalten
www.herder.de

Umschlaggestaltung: Designbüro Gestaltungssaal
München, Sabine Hanel
Umschlagmotiv: © shutterstock
Satz: post scriptum, Emmendingen / Hüfingen
Herstellung: GGP Media GmbH, Pößneck

Printed in Germany

ISBN 978-3-451-00559-6

Inhalt

Vorwort

von Rudolf Walter

Warum sind Schmetterlinge eigentlich Glücks-
symbole? Vielleicht weil sie eine beflügelte Verheißung sind. Wenn es wärmer wird, haben wir sie
auf einmal als Überraschung vor unseren Augen
in der aufblühenden Natur. Eine Leichtigkeit, bunt
und fröhlich, zart, frei und unbeschwert. Die Verheißung, dass alles möglich ist: Aufblühen. Fliegen.
In der Sonne tanzen. Einfach leben.
Das wär's doch!

In Mythen ist der Schmetterling der Seelenvogel.
Ein geheimnisvolles Bild des erlösten Menschen,
der alle irdische Schwere hinter sich gelassen hat.
Verwandelt in seinem Wesen, so wie die einst so
erdenschwere Raupe. Das gibt dem Bild Hoffnung,
Kraft und Tiefe.

Von der Leichtigkeit des Seins, von der Möglichkeit der Wandlung, vom Abstreifen alles allzu Schweren träumen wir doch alle: Wir spüren es alle selber, was uns gut täte, an Leib und Seele: Dass der Druck endlich einmal aufhört. Dass wir nicht immer wieder in die ewig wiederkehrende Mühle der immer gleichen Zwänge geraten. Dass die Ansprüche von allen Seiten uns nicht mehr die Luft zum Durchatmen und Aufatmen nehmen. Dass der alltäglichen Kleinkram, der an uns haftet wie Blei, uns nicht immer weiter herunterzieht.

Wir sind nicht glücklich mit der Konsumvöllerei und genervt von dem vielen Lärm um Nichtigkeiten. Wir spüren, dass wir uns selber fremd zu werden drohen. Wie schön dagegen war das: »Schmetterlinge im Bauch«!

Seele ist übrigens auch ein Bild für das Wesen des Menschen. Im Guten wie im Schlechten. Wir sprechen von »seelenlosen« Menschen, die hart und kalt sind, liebesleer, gierig und zynisch. Aber auch von denen, die »eine Seele von Mensch« sind: Sie strahlen Wärme aus und in ihrer Nähe fühlen wir uns wohl.

Es geht also, wenn wir das Seelenwort benutzen, um unser Leben, das falsche, das gute und das immer gefährdete Leben. Eigentlich um Alles: »Was nützt es dem Menschen, wenn er alles besitzt und an seiner Seele Schaden leidet.«

Anselm Grüns Denken ist, wie von einem warmen unterirdischen Strom, gespeist von diesem Thema. Es ist ein Leitmotiv seiner Bücher: Was die Seele krank macht und was heilsam für sie ist. Was sie belebt, ihr Kraft gibt, sie nährt. Er verschreibt keine Rezepte. »Ihre Seele selber weiß es, was ihr gut tut«, sagt er. Sie braucht Quellen, aus denen sie schöpfen kann. Sie braucht Wurzeln und Flügel. Freiheit und Weite und Struktur. Sie blüht auf, wenn ein Mensch sich geliebt weiß und sich auch selbst mag. Sie schöpft Kraft, wenn sie in der Stille in Berührung mit sich selber kommt. Und sie wird lebendig, wenn sie in Resonanz zu anderen ist, wenn sie die Inspiration der Freundschaft erfährt und in guten

Beziehungen Halt, Geborgenheit und Austausch findet. Seelennahrung: Das kann die Freude an der Natur sein. Aber auch geistige Beschäftigung, Anregung und Inspiration von außen. Und Berührung mit sich selber – in Erfahrungen wie Sehnsucht und Dankbarkeit, die über uns hinausführen und in einer größeren Erfahrung verankern.

Die Texte Anselm Grüns laden ein, diesen positiven Quellen in uns nachzuspüren und den Reichtum der eigenen Seele zu entdecken. Denn darum geht es: Weite in sich selber erfahren. Aber auch festen Grund in sich selber haben. Leicht und doch geerdet. Oder wie Paul Celan sagt: »Schwerer werden, leichter sein.«
Das wär's wirklich.
Das echte Glück.

Aus frischen Quellen schöpfen

Was ist mir wichtig? Wo fließt in mir die Energie? Wenn es in mir strömt, bin ich in Berührung mit der Quelle, die Gott in mich hineingelegt hat.

Wie Leben fließt

Setze dich an eine Quelle oder an einen Bach oder Fluss und beobachte das Wasser, wie es einfach fließt. Viele werden ruhig, wenn sie einfach nur auf das strömende Wasser schauen. Du kannst dir vorstellen, dass das Wasser all die Trübungen abwäscht, die das ursprüngliche Bild Gottes in dir verstellen. Das Wasser reinigt dich auch von all den Trübungen deiner Emotionen. Oft sind deine Gefühle gleichsam beschmutzt von den Gefühlen, die dir aus deiner Umgebung zuströmen. Und das Wasser, das immer weiterfließt, befreit dich von allem Ballast, der sich auf dich gelegt hat, von den Problemen, die dich belasten. Und im Fließen kommt in dir etwas in Bewegung. Dein Leben beginnt wieder zu fließen und fruchtbar zu werden.

Auf dem Grund der Seele

Von den Quellen, aus denen wir schöpfen, hängt es ab, ob unser Leben gelingt oder nicht. Sie können unser Leben mit immer frischem und belebendem Wasser versorgen. Das sind für mich einmal Haltungen und Einstellungen zum Leben, die ich von den Eltern gelernt oder die ich von Natur aus mitbekommen habe. Zum andern verstehe ich darunter eine Quelle, die nie versiegt, weil sie unendlich und göttlich ist: Ich nenne sie die Quelle des Heiligen Geistes. Viele Menschen sehnen sich nach dieser inneren und reinen Quelle des Heiligen Geistes, der ihre Wunden heilt und ihnen Kraft gibt, um ihr immer wieder schwieriges Leben zu bewältigen. Zugleich erfahren viele die Gefährdung dieser inneren Quelle durch negative Haltungen im eigenen Leben oder durch Einflüsse von außen. Es geht darum, zur reinen Quelle auf dem Grund unserer Seele vorzudringen, die unerschöpflich ist, weil sie nicht nur aus uns selbst, sondern letztlich aus Gott heraus fließt.

Eine Kraftquelle

Setze dich bequem hin und schließe die Augen. Dann versuche dich daran zu erinnern, wie und was du als Kind gespielt hast. Wo konntest du stundenlang spielen, ohne zu ermüden? Wo warst du mit Begeisterung und Hingabe dabei? Bleibe nicht einfach bei der Erinnerung stehen, sondern frage dich: Was hat mich da eigentlich so fasziniert? Was bedeutet dieses Spiel, in dem offensichtlich mein Herz aufgegangen ist, für mich heute? Welche Bedeutung steckt darin für mein heutiges Tun? Nimm dein Spielen als Bild für das, was deine Seele damals darstellen wollte. Vielleicht kannst du es als inneres Bild mit dir tragen bei allem, was du heute tust. Du wirst in dir eine Quelle von Freude und Kraft spüren, aus der du schöpfen kannst für deine Arbeit und für dein Leben.

Das Kind in mir

Ein Kind bringt uns in Berührung mit dem Kind in uns. Wir spüren das Unverbrauchte und Unverfälschte im Kind. Es ist noch nicht angepasst an unsere Erwartungen. Es lebt aus sich heraus, auch wenn es angewiesen ist auf unsere Zuwendung und Liebe. Wenn ich in Urlaub daheim bei meinen Geschwistern war, habe ich immer gerne ihre kleinen Kinder in den Arm genommen: fasziniert von dem kleinen Kind, das einfach in sich ruht, das dankbar jedes Lächeln erwidert. Indem ich das Kind in meine Arme nehme, komme ich in Berührung mit dem Kind in mir. Ich fühle auf einmal die Zärtlichkeit, die in mir ist, das Leichte und das Freie des Kindes. Und ich bestaune dieses einmalige und einzigartige Kind, das keinem andern völlig gleicht, das schon mit einem Jahr seine eigene Personalität ausstrahlt. Bitte Gott, dass er dieses Kind in dir stärke und dir Anteil schenkt an der Quelle der Lebendigkeit, die er diesem Kind schon bei seiner Geburt mitgegeben hat.

Verschüttetes ausgraben

Manche tun sich schwer, in der Kindheit nach Situationen zu suchen, in denen sie ganz sie selber waren, im Einklang mit sich, glücklich und zufrieden. Aber sobald du anfängst, dich an deine Kindheit zu erinnern, werden irgendwann Bilder auftauchen, die dir zeigen, was deine Vorlieben waren und wo du dich als Kind am meisten gespürt hast. Eine Hilfe ist dabei, deine Kinderbilder anzuschauen. Traue dem unbeschwerten Lachen, das dir in diesen Bildern entgegenkommt. Da warst du ganz du selbst. In diesen Bildern begegnest du möglicherweise Seiten in dir, die heute verschüttet sind, die aber wieder ausgegraben werden möchten.

Brunnen der Erinnerung

Wer viel erfahren hat, hat Erfahrung. Wer sich gerne erinnert an das, was er erlebt hat, der bleibt lebendig. Er lebt nicht in der Vergangenheit. Vielmehr ist das Erlebte für ihn wie eine Quelle. Er bewässert die Gegenwart aus dem unausschöpflichen Brunnen des Gedächtnisses. Die Gegenwart wird auf diese Weise relativiert. Man erkennt, was wirklich wichtig ist im jetzigen Augenblick.

Indem wir uns erinnern, was uns in unserem Leben schon gefreut hat und wie wir dieser Freude Ausdruck gegeben haben, kommen wir in Berührung mit der Freude. Wir können die Freude nicht *machen*. Aber wir können uns an die Freude erinnern, die wir schon erfahren haben. In diesem Akt der Erinnerung wird dann diese schöpferische Quelle selbst in uns wieder lebendig.

Was nie versiegt

Die Bibel sagt uns, dass die Quelle der Liebe eine göttliche Quelle ist, die nie versiegt. Aber die göttliche Quelle braucht die Erfahrung menschlicher Liebe, damit sie nicht abstrakt und farblos bleibt, sondern ausstrahlt und unser Herz wärmt und erfreut. Und wenn du gerade darunter leidest, dass du zu wenig Liebe erfährst, dann gehe durch alle Schmerzen, die der Mangel an Liebe in dir auslöst, hindurch, um auf dem Grund deiner Seele die Liebe zu entdecken, die unter aller Traurigkeit, unter allem Leiden da ist wie eine unversiegbare Quelle. Sobald wir in Berührung kommen mit dieser Quelle, steigt sie an und erfüllt unsern Leib und unsere Seele mit einem neuen Geschmack, mit dem wunderbaren süßen Geschmack der Liebe.

Der Liebe Ewigkeit

Mit meiner Vorstellungskraft kann ich in mir eine eigene Welt schaffen. Und die kann genauso wirklich und wirksam sein wie die äußere Welt, die mich überfordert oder traurig stimmt. Es gibt Menschen, die ständig über ihre Einsamkeit klagen und die das Gelingen ihres Lebens von der Zuwendung anderer abhängig machen. Es gibt einen anderen Weg: Ich kann in meiner Seele der Liebe einen Ort der Ewigkeit schaffen. Das heißt: Ich fixiere mich nicht auf den Mangel an Liebe, an dem ich leide. Ich schaue nicht nach anderen aus, um zu fragen, ob sie mich lieben oder nicht. Ich kann mir aber vorstellen, dass in mir eine Quelle göttlicher Liebe ist, die nie versiegt, nie aufhört, die ewig ist. Diese Vorstellung befreit mich von der Lähmung durch die Fixierung auf die Nichterfahrung von Liebe.

Hingabe

Wir sehnen uns nach etwas, was uns neue Kraft, Frische und Klarheit gibt. Die Sehnsucht nach der klaren Quelle ist die Sehnsucht, dass unser Leben strömt. Strömen ist immer ein Zeichen von Lebendigkeit. Dieses Flow-Gefühl ist in uns wirksam, wenn wir uns an die Arbeit und an Menschen hingeben, uns bei der Arbeit selbst vergessen. Es ist nicht wichtig, was andere von uns denken oder wie sie unsere Arbeit beurteilen. Wir gehen ganz in dem auf, was wir tun. Schon der hl. Benedikt hatte diese Erfahrung im Sinn, wenn er in seiner Regel von den Handwerkern im Kloster verlangt, dass sie in aller Demut ihren Beruf ausüben sollen. (RB 57,1) Sie sollen sich nicht über andere stellen wollen oder ihre Arbeit mit dem Schielen nach Erfolg oder Verdienst verbinden. Demut meint: Hingabe an die Arbeit, ganz bei der Arbeit sein, in Berührung mit den Dingen sein, die ich gerade tue, und mich selbst und meine Nebenabsichten dabei vergessen.

Meditation

In der geistlichen Tradition wurde die Meditation immer als hilfreicher Weg gesehen, in die eigene Mitte zu finden und dort die Quelle des Heiligen Geistes zu entdecken. Der Atem wurde als Weg in die eigene Tiefe gesehen. In der christlichen Tradition hat man den Atem mit einem Wort aus der Bibel oder aber mit dem Jesusgebet verbunden: »Herr Jesus Christus, Sohn Gottes, erbarme dich meiner!« Wer dieses Wort im Rhythmus seines Atems wiederholt, der kann seinen Atem wie einen Bohrer erleben, der die Betonschicht durchdringt, die ihn von der inneren Quelle trennt. Manchmal bleibt der Bohrer freilich im Beton hängen. Dann ist die Meditation nur oberflächlich. Aber wenn der Atem gemeinsam mit dem Wort in die innere Tiefe führt, erahnt man diese Quelle, die nie versiegt. Im Ausatmen kommt man in Berührung mit der inneren Quelle. Und im Einatmen strömt das erfrischende und zugleich klärende und reinigende Wasser aus der Tiefe in Leib und Seele ein.

Kraftquelle Rituale

Ein guter Weg, immer wieder mit der inneren Quelle in Berührung zu kommen, sind auch die täglichen Rituale. Rituale erinnern uns immer wieder, woraus wir eigentlich leben. Sie sind eine heilige Zeit, in der wir uns als heil und ganz erfahren dürfen. Rituale geben uns das Gefühl, dass wir selber leben, anstatt gelebt zu werden. Jeder hat seine eigenen Rituale entwickelt. Wir können nicht den ganzen Tag über mit unserer Quelle in Berührung sein. Aber wir brauchen tägliche Rituale, in denen wir innehalten, um die eigene Mitte und in der Mitte die Quelle zu spüren, die in uns sprudelt. Ohne dieses Innehalten versiegt die Quelle in uns oder wir verlieren die Beziehung zu ihr.

Kraftquelle Natur

In der Natur dürfen wir einfach sein, wie wir sind. Da müssen wir nichts leisten und werden nicht beurteilt. Da sind wir geborgen. Wir sind Teil der Schöpfung. Wir fühlen uns eins mit ihr, haben teil an der Kraft, die in ihr ist, und an dem Geist, der sie durchdringt. In der Natur kann ich spüren, dass das Leben, das ich überall wahrnehme, auch in mich einfließt. Ich werde lebendig und fühle neue Kraft in mir.

Die Erfahrungen, die wir in der Natur machen, beim Wandern, beim Radfahren, beim Liegen auf der Wiese, sind deshalb so heilsam für uns, weil sie uns mit wichtigen Erlebnissen in der Kindheit in Berührung bringen und weil sie uns neu und intensiv bewusst machen: In der Schöpfung Gottes ahnen wir etwas von der unerschöpflichen Fülle des Lebens, an der wir teilhaben dürfen. Da können wir uns nie sattsehen. Die Natur ist eine Einladung, immer wieder aus der Quelle des Lebens zu trinken.

Eine Quelle will fließen

Das Wasser der Quelle bleibt nur frisch und erfrischend, wenn es strömt. Sonst wird es schal und verliert seine Kraft. Die Quelle will in dir strömen, aber auch von dir weg auf andere hin. Wo fließt heute Energie bei dir? Dort, wo das Leben in dir strömt, bist du in Berührung mit dem Grund deines Lebens. Vielleicht hast du den Eindruck, dass das Leben momentan eher stockt. Dann stelle dir vor, wohin deine Energie strömen möchte. Was würde dich lebendig machen? Ist es ein schöner Urlaub in einem fremden Land? Oder eine Arbeit, für die du dich gerne engagieren würdest? Oder eher ein kreatives Tun?

Segen für andere

Jeder hat seine persönliche Ausstrahlung, auch du. Jeder kann zum Licht für das Dunkel eines anderen werden. Jeder begegnet täglich anderen Menschen und hinterlässt dabei seine persönliche Lebensspur. Diese Spur kann ganz verschieden geprägt sein: unzufrieden und zornig – oder aber freundlich, milde, ermutigend, erfrischend, befreiend. Entscheide dich für die positive Möglichkeit. Sie wird dir und anderen gut tun. Vergleiche dich nicht mit andern und komm nicht in Versuchung, dich selbst zu entwerten, weil andere Größeres leisten. Frag dich nicht immer nur nach deiner Leistung. Wichtig ist etwas anderes: Was vermittelst du an Lebendigkeit und Sinn in diese Welt hinein? Welche »Lebensspur« gräbst du mit allem, was du machst und bist?

Wunschbilder und Träume

Träume einfach einmal vor dich hin, was du gerne tun würdest. Und entwerte deine Träume nicht gleich durch das Argument, dass sie sowieso unrealistisch sind. Beim Träumen ist es wichtig, Wunschbilder zuzulassen, ohne gleich nach der konkreten Verwirklichung zu fragen. Erst im zweiten Schritt sollst du dir überlegen, wie du das konkret umsetzen kannst. Ist es möglich, deine Träume in deinem jetzigen Beruf wahr werden zu lassen? Oder musst du dir eine andere Arbeit suchen? Ist der Traum vielleicht ein Bild für das, was du gerade tust? Dann könnte das Bild dir schon helfen, die Energie in dir wieder zum Fließen zu bringen. Du hättest für deine Arbeit oder für deinen Beruf, ein Bild, das dich motiviert. Ein solches Bild gibt deinem Tun einen Sinn und es schenkt dir neue Freude daran. Es bringt etwas in dir in Bewegung.

Energiefluss

Es gibt Tätigkeiten, aus denen uns Energie zufließt, und andere, die uns Kraft rauben. Du kannst alles, was du in deiner Arbeit und in deinem Alltag tust, danach einteilen, ob es Energiespender oder Energieräuber sind. Wenn du das einmal getan hast, dann wirst du erkennen, wo du mit deiner inneren Quelle in Berührung bist und wo nicht. Niemand wird sich nur auf Tätigkeiten beschränken können, in denen seine Energie fließt. Leben besteht im Alltag auch aus Routine und aus Widerständen. Aber du kannst dich fragen, ob das, was dir die Energie raubt, wirklich notwendig ist. Wenn es unbedingt von dir getan werden muss, dann musst du allerdings nach einer Motivation suchen, auch diese einfachen oder diese unangenehmen Arbeiten zu tun.

Bild meines Lebens

Stell dir vor: Kurz vor deinem Tod schreibst du an einen Freund oder eine Freundin, was du mit deinem Leben sagen und mitteilen wolltest. Dabei geht es nicht um irgendwelche Lehren, sondern um die Frage, was du mit deiner persönlichen Existenz zum Ausdruck bringen möchtest. Wofür möchtest du Zeugnis ablegen? Nur für dich? Oder für etwas Größeres: für die Liebe, für den barmherzigen Gott? Was können Menschen an dir und deinem Leben ablesen? Was ist die Botschaft, die du andern sagen möchtest? Was sollen die Menschen nach deinem Tod von dir sagen? Welchen Geschmack möchtest du bei den Menschen hinterlassen? Welche Bilder vom Leben möchtest du in die Herzen der Menschen einprägen? Was möchtest du letztlich mit deinem Leben vermitteln?
Du brauchst für dein Leben ein Bild. Dann beginnt in dir die Quelle zu fließen.

Zeit nur
für mich allein

Gott schenkt mir diese Zeit. Gott ist großzügig.
Ich selbst bin mir gegenüber oft so kleinlich.
Ich achte mich zu wenig und gönne mir zu
wenig Zeit.

Schön langsam

Langsam gehen, bewusst jeden Schritt spüren, sich nicht antreiben lassen – durch nichts –, das lässt uns ganz im Augenblick sein, das führt zu intensivem Erleben und zu innerem Frieden. Langsamkeit hat eine eigene Schönheit.

Versuche, beim Spazierengehen bewusst jeden Schritt zu spüren, wahrzunehmen, wie du die Erde berührst und sie wieder lässt. Versuche, langsam und bewusst deine Tasse in die Hand zu nehmen. Zieh dich am Abend langsam aus. Du wirst sehen, wie dann alles zum Symbol wird, wie das Ablegen der Kleider zum Ablegen des Tages mit seiner Mühe werden kann. Versuche, dich morgens langsam zu waschen, das kalte Wasser zu genießen, das dich erfrischt. Und ziehe dich langsam an. Der Engel der Langsamkeit will dich zu einem bewussten und achtsamen Leben anleiten und dich in die Kunst einweisen, dein Leben als beständiges Fest zu feiern.

Keine Hektik

Der Mystiker Angelus Silesius weist uns darauf hin, dass wir selber es sind, die entscheiden, wie wir mit der Hetze umgehen: »Nichts ist, das sich bewegt, / du selber bist das Rad, / das aus sich selber lauft / und keine Ruhe hat.«

Natürlich ist unsere Zeit schneller geworden. Aber ob ich mich dieser schnellen Zeit anpasse oder nicht, ist meine Entscheidung. Ob es in mir schnell wird, das liegt an meinem Rad. Ich kann die schnelle Welt anschauen, wie alles an mir vorüberzieht. Dann berührt mich die äußere Schnelligkeit nicht. Ich bleibe der Beobachter. Oder aber ich ziehe mich bei allem äußeren Trubel auf mich selbst zurück. Auch wenn um mich herum Hektik und Unruhe herrschen: Wenn ich in meiner Mitte bin, dann nehme ich die Hetze wahr, ohne mich davon anstecken zu lassen.

Ganz in meiner Mitte

Ruhe ist nicht nur Unterbrechung des Lebens, nicht nur Pause, sondern eine eigene Lebensqualität, die Qualität der Muße, der absoluten Bejahung des Seins. In der Muße genieße ich das Leben, nehme ich wahr, was um mich herum ist, freue ich mich an der Schöpfung, an der Kunst, an mir selbst und an der Gemeinschaft. In der Muße bin ich ganz bei mir, lebe ich aus meiner Mitte heraus.

Heilige Zeit

Jeder braucht in seinem Leben Tabuzonen, die ihm heilig sind. Das Heilige ist das, was der Welt entzogen ist. Rituale können helfen, solche Zonen zu schützen. Sie schaffen einen heiligen Raum, der von ständigen entfremdenden Anforderungen, die auf uns einstürmen, befreit ist. Die Zeit, die ich mir für mich reserviere, ist in diesem Sinn eine heilige Zeit, weil sie für mich einen Wert hat, den ich mir von keinen anderen Werten streitig machen lasse. In dieser heiligen Zeit vermag ich aufzuatmen, da komme ich in Berührung mit mir selbst und da bin ich in Berührung mit Gott. Da spüre ich, wie ich heil und ganz werde. Die heilige Zeit tut mir gut. Sie heilt meine Wunden. Sie klärt in mir, was sich an Trübem angesammelt hat.

Ein heiliger Tag

Das Heilige muss geschützt werden. Sonst verliert es seine heilende Wirkung. Für Christen ist der Sonntag der heilige Tag. In unserer Zeit, in der wirtschaftliche Interessen und gesellschaftliche Strömungen den Sonntag immer mehr aushöhlen möchten, ist es umso wichtiger, dass wir den Sonntag für uns heilig halten, als eine Zeit, in der niemand über uns bestimmen darf, in der wir das tun dürfen, was unserer Seele und unserem Leib gut tut. Viele Leute stopfen auch den Sonntag mit Aktivitäten zu. Sie verfälschen damit den Sinn des Sonntags, an dem wir uns bewusst abgrenzen von anderen und den Aufgaben und Erwartungen, die uns von außen angetragen werden.

Pausen tun gut

Psychologen haben entdeckt, dass die Pausen notwendig sind für ein kreatives Arbeiten. In den kurzen Pausen komme ich wieder in Berührung mit mir selbst. Wenn ich bei mir bin, fühle ich die Arbeit nicht als Last. Der Termin setzt mich dann nicht unter Termindruck, sondern er ist Gelegenheit aufzuatmen. Ich erlebe dann auch eine Sitzung als Raum der Freiheit, als Raum, sich vernünftig unterhalten zu können. Auch wenn ich weiß, dass die Sitzung eine bestimmte Zeit dauert, fühle ich mich dann nicht unter Zeitdruck. Ich gebe mir vielmehr die Erlaubnis, mir jetzt die Zeit für dieses Gespräch zu nehmen. Dann ist mitten in der Arbeit Freiheit, mitten in der Schnelligkeit genügend Zeit für mich und für die andern.

Zeit, die mir gehört

Ich nehme mir Zeit, einen Spaziergang zu machen. Ich nehme mir Zeit zu meditieren und zu lesen. Es ist meine Zeit. Und ich nehme mir Zeit, Musik zu hören und einfach im Augenblick zu sein. Wenn ich Musik höre, höre ich manchmal in mir auch andere Stimmen: »Du solltest deine Zeit besser nutzen. Du müsstest noch das oder jenes erledigen. Dieses Buch musst du noch lesen, dein Zimmer aufräumen.« Wenn diese Stimmen in mir auftauchen, versuche ich sie bewusst loszulassen. Ich habe mich entschieden, mir jetzt die Zeit zum Musikhören zu nehmen. Diese Zeit gehört mir. Ich lasse niemanden darüber verfügen, auch nicht die inneren Stimmen in mir. Dann erlebe ich, dass die Zeit, die ich mir genommen habe, zugleich zur geschenkten Zeit wird.

Geschenkte Zeit

Indem ich mir Zeit lasse, breche ich aus der Herr-
schaft der Zeit aus. Ich nehme die Zeit wahr. Ich
genieße sie. Die Zeit ist mir geschenkt. Ich lasse
den Druck los, was ich alles in der kurzen Zeit
noch erledigen müsste. Ich lasse die Zeit fließen
und nehme sie wahr. Zeit ist immer geschenkte
Zeit, Zeit, die Gott und die mir selbst gehört, in der
ich mir und meinem wahren Selbst gehöre.

Rhythmisiert

Die Jahreszeiten geben der Zeit ihren Rhythmus, aber auch Morgen, Mittag und Abend strukturieren die Zeit eines jeden Tages. Wenn ich mich auf den guten Rhythmus der Zeit einlasse, auf die vorgegebene Struktur des Tages, dann tut mir das gut. Sich auf den Rhythmus des Lebens einzustellen, ist gesund. Jeder hat seinen eigenen Biorhythmus. Wenn ich ständig gegen diesen inneren Rhythmus arbeite, werde ich schnell müde und fühle mich ausgelaugt. Wenn ich dagegen im Rhythmus meines Leibes und meiner Seele lebe, bin ich im Einklang mit mir. Ich habe nicht den Eindruck, zerrissen und gehetzt zu sein. Und die Arbeit geht mir gut von der Hand. Aber ich bin nicht Sklave der Arbeit. Ich kann in der Beziehung zu dem, was ich tue, Sinn erfahren.

Überraschend

Ein Weg zur sinnerfüllten Zeit ist auch, Ja zu sagen zur Banalität und Routine meines Alltags und das Besondere gerade im scheinbar Normalen zu entdecken. Wenn ich Ja sage zur Durchschnittlichkeit meines Alltags, dann ist der Alltag für mich ein wichtiges spirituelles Übungsfeld. Denn darin übe ich die Treue ein, die Treue zu mir, zu den Menschen und zu Gott. Da übe ich die Selbstlosigkeit ein. Ich gebe mich hin an diese Arbeit, an die Menschen, für die ich heute da bin. Dann ist das Alltägliche nicht leer, sondern der Ort, an dem ich meine Liebe einübe und verwirkliche. Dann werde ich immer wieder auch im Alltag Begegnungen erfahren, die mich beglücken. Und auf einmal wird das Leere zur Fülle, das Banale zum Heiligen und die Routine wird aufgebrochen für die göttlichen Überraschungen, in denen das Unverfügbare der göttlichen Liebe in meinen Alltag einbricht.

Träume zeigen den Weg

Im Traum ziehen wir uns in eine andere Welt zurück, in eine Welt jenseits der Taten. Und diese innere Welt tut uns gut. Sie bewahrt uns auch davor, in Aktionismus aufzugehen. Wir haben jede Nacht einen Zufluchtsort im Traum. Dort tauchen wir in eine andere Welt ein, damit wir diese Welt der Tageswirklichkeit bestehen können, die uns oft so feindlich gegenübersteht. Der Traum zeigt uns, dass wir es uns gönnen sollen, uns Zeit für andere Dinge zu nehmen als für die Tagesgeschäfte, die wir zu erledigen haben. Im Traum geht uns die innere Welt auf. Wir entdecken den göttlichen Wurzelgrund unserer Seele. Und das ist es, was uns gut tut.

Aus der Ruhe
kommt die Kraft

Solange wir innerlich aufgewühlt sind, können wir
die Energie nicht wahrnehmen, die in uns strömt.
Es braucht die Ruhe, um die Kraft zu entdecken, die
in uns liegt.

Aus der Ruhe rührt ein Segen

Je mehr ich bei mir bin, je mehr ich in Berührung mit mir selbst bin, desto weniger lastet ein Druck auf mir. Wer bei sich ist, der spürt sich selbst. Der muss sich nicht unter Druck setzen, um sich zu spüren. Was er tut, wird aus seiner inneren Mitte strömen. Und so wird auch sein Tun der Ruhe entspringen und Ruhe bewirken. Wer aufgeregt arbeitet, dessen Tun wird keinen Segen bringen. Aus der Ruhe kommt die Kraft.

Nicht davonlaufen

Wer vor sich davonläuft, der ist zwar ständig in Aktion. Aber er weiß oft gar nicht, wohin er läuft. Oft genug rennt er vor seinem eigenen Schatten davon. Doch gerade auch im Schatten liegt oft ein wichtiges Lebenspotential. Wenn ich vor dem Schatten davonlaufe, wird er mich verfolgen. Eine chinesische Geschichte erzählt von einem Mann, der vor seinem Schatten floh. Immer wenn er zurücksah, nahm er den Schatten wahr. Er lief schneller und schneller. Aber immer noch war der Schatten hinter ihm her. Schließlich fiel er tot um.

Wer langsam geht, der kommt manchmal schneller ans Ziel. Denn er wird nicht gehetzt vor etwas davonlaufen. Er geht auf das zu, was wichtig ist.

Bleib bei dir

Deine Seele wird zur Ruhe kommen, wenn du mit dir selbst gut umgehst, wenn du aufhörst, dich selbst zu verurteilen, wenn du mit einem gütigen und milden Auge auf dich und deine aufgewühlte Seele schaust. Und du brauchst den Mut, hinabzusteigen in die dunklen Abgründe deiner Seele. Wenn du auch dort das Licht von Gottes Liebe findest, dann hast du es nicht mehr nötig, vor dir selbst davonzulaufen. Dann kannst du bei dir bleiben und die Ruhe genießen. Der Engel der Ruhe wird dir dann bestätigen: »Lasse dich los. Du darfst so sein, wie du bist. Ruhe dich erst einmal aus. Dann kannst du wieder ein Stück des Weges gehen, den du dir vorgenommen hast. Aber jetzt genieße die Ruhe. In ihr kommst du mit dir in Einklang. Wenn du mit dir im Einklang bist, dann bringt dich nichts mehr aus der Ruhe.«

Im Schatten seiner Flügel

Der Engel der Ruhe tröstet uns, wenn die Enttäuschung über unser vertanes Leben über uns kommt. Er lädt uns ein, alles zu lassen, wie es ist. Und im Schatten seiner Flügel können wir zur Ruhe kommen. Da verfolgt uns der Schatten nicht mehr, vor dem wir so rastlos davongelaufen sind. Der Engel deckt mit dem Schatten seiner Flügel unseren Schatten zu. Auch unser Schatten darf sein. Es lohnt nicht, vor ihm zu fliehen.

Zeiten von Stille und Ruhe

Wir alle brauchen immer wieder Zeiten der Stille, in denen wir uns zurückziehen können vom Lärm, der uns oft genug umgibt, vom Lärm der Arbeit, von den vielen Gesprächen und Vorträgen. Jeder hat andere Formen entwickelt, wie er sich zurückziehen kann. Der eine geht spazieren, der andere macht einen so genannten Wüstentag – einen Tag der spirituellen Vertiefung und Konzentration, ohne die Anforderungen des Alltags. Ein anderer zieht sich in sein Zimmer zurück und zieht den Telefonstecker heraus, damit er nicht erreichbar ist. Jeder von uns braucht die Möglichkeit des Rückzugs, damit er Rückhalt findet, einen festen Halt, auf dem er stehen kann. Der Rückzug ist immer verbunden mit der Rücksicht auf mich selbst. Ich schone mich selbst, gehe rücksichtsvoll mit mir um, damit die innere Quelle wieder fließen kann.

Vom Glück des Ausruhens

Wer sich nie Zeit für sich selbst nimmt, der drückt damit aus, wie klein er von sich selbst denkt. Er übersieht seinen eigenen Wert.

Keiner kann glücklich leben ohne die Fähigkeit, zur Ruhe zu kommen. Aber es genügt wohl nicht, einen anderen dazu aufzufordern, dass er ausruhen soll. Denn viele sind heute unfähig, zur Ruhe zu finden. Daher sind sie wohl auch nicht zum Glück geboren. In der Muße tut man Dinge um ihrer selbst willen und nicht eines Nutzens wegen. Ruhe und innere Freiheit sind die Voraussetzungen dafür, dass ich in der Muße inneres Glück erfahren kann.

Die Muße ist mehr als eine Zeit, die ich mir für mich selbst nehme. Sie setzt eine innere Haltung voraus. Es ist die Haltung der Bejahung des Seins, der Glaube, dass das Sein gut ist. Letztlich setzt Muße die Liebe voraus, die Liebe zu allem, was ist.

Mitten in der Unruhe

Ich komme zur Ruhe, wenn ich mich still hinsetze und durch das Chaos meiner Gefühle hindurchgehe, bis ich in den Grund meiner Seele gelange, in den inneren Raum der Stille. Manchmal kann ich für einen Augenblick diesen inneren Raum der Stille spüren. Dann fühle ich mich glücklich. Oft aber spüre ich den Raum nicht. Aber in mir ist die Sehnsucht nach diesem Raum, die Sehnsucht, Gott zu spüren und seine Liebe zu fühlen. Und dann führt mich die Sehnsucht zur Ruhe. Ich bin dann nicht unruhig, weil ich nicht in die Stille gelange, die ich mir vorgestellt habe. Ich spüre mich vielmehr in meine Sehnsucht nach dieser Stille und Ruhe hinein. In der Sehnsucht nach Ruhe ist schon Ruhe. In der Sehnsucht nach Liebe ist schon Liebe. Und in der Sehnsucht nach Gott ist schon Gott. Und in der Sehnsucht nach Glück ist schon Glück. Ich muss das Glück nicht festhalten. Es ist gleichsam eine Spur, die in der Sehnsucht in mein Herz hineingegraben worden ist. Und als Spur, die in meiner Sehnsucht spürbar ist, ist das Glück immer in mir vorhanden. Aber es ist nicht immer das pralle Glück, nicht das typische Glücksgefühl, sondern mehr eine Ahnung von Glück. Aber die genügt. Wenn ich die Sehnsucht nach Glück in mir wahrnehme, dann komme ich zur Ruhe, dann muss ich nicht voller Unruhe weitersuchen. Jetzt in dieser Zeit ist in mir eine Spur der Zeitlosigkeit. Jetzt in diesem Chaos ist in mir eine Spur von Ordnung und Klarheit und Schönheit. Indem ich mich in die Sehnsucht hineinspüre, komme ich in Berührung mit all dem, wonach ich mich sehne. Und so erfahre ich mitten in der Unruhe der Zeit eine tiefe innere Ruhe in mir.

Jeden Tag

Suche dir jeden Tag einen kleinen Weg aus, den du bewusst langsam gehst. Das kann das Treppensteigen sein. Es kann der Weg zum Briefkasten sein, der Weg in den Garten. Es kann ein Weg sein, den du sowieso jeden Tag gehst. Es kann aber auch ein Weg sein, den du bewusst als Ritual gestaltest, indem du eine Runde in deinem Garten drehst. Versuche einmal, ganz langsam zu gehen, Schritt vor Schritt zu setzen, mit deinen Händen den Lufthauch zu spüren. Es ist gut, wenn du dabei für dich allein bist, ohne Zuschauer. Aber indem du extrem langsam gehst, spürst du, was es heißt, ganz im Augenblick zu sein, was es bedeutet, Schritte zu tun, zu gehen, die Welt zu erleben. Du bist ganz in deinem Gehen. Du musst nichts leisten. Du musst dich nicht konzentrieren. Du wirst sehen, dass das extrem langsame Gehen dich innerlich verlangsamt, wie du in deinem Herzen ankommst. Wenn du das täglich übst, wirst du eine Veränderung in dir feststellen.

Gönnen und genießen

Wenn du von der Arbeit heimkommst, dann lege dich mal 15 Minuten auf das Bett. Stelle dir den Wecker, damit du dir diese 15 Minuten ohne Störung gönnst. Lasse die Arbeit los, lasse die Erwartungen los, die die Menschen an dich haben. Genieße die Zeit, die jetzt allein dir gehört. Genieße die Schwere, die von deiner Müdigkeit entsteht. Du fühlst dich getragen. Und du stellst dir vor: Jetzt muss ich gar nichts tun. Ich bin einfach da. Dann spürst du dich selbst. Du musst jetzt nicht fit sein. Du darfst deine Müdigkeit genießen. Wenn dann der Wecker schellt, kannst du dich strecken und – hoffentlich – erfrischt wieder aufstehen. Dann hast du Lust, das zu tun, was daheim auf dich wartet: dich deinen Kindern zuzuwenden oder deinem Ehepartner oder den Aufgaben, die der Haushalt von dir fordert. Oder du hast noch Lust, ins Konzert oder ins Kino zu gehen.

Wo auch immer

Wo immer du bist: Bleibe für einen Augenblick stehen und gehe vom Kopf durch das Herz in den Grund deiner Seele. Du kannst diesen Grund der Seele nicht im Körper lokalisieren. Aber stelle Dir einfach vor, Du gehst mit Deiner Aufmerksamkeit in den Unterbauch, dort, wo der Atem beim Ausatmen stehen bleibt. Stelle Dir vor, dass dort in der Tiefe alles in Dir ruhig ist. Und dann beobachte von dieser inneren Ruhe aus alles, was sich außen bewegt: die Anrufe, die Wünsche der Mitarbeiter, die vielen Mails, die auf Dich warten, die Fragen der Kinder. Halte kurz inne. Und dann wende Dich von Deiner Mitte aus von neuem den Tätigkeiten zu, mit denen Du gerade beschäftigt bist. Du wirst sehen, dass Du sie anders vollziehen kannst. Deine Beschäftigung bringt Dich nicht aus Deiner Ruhe. Alle Bewegung entsteht aus der Ruhe. Du bist nicht mehr im Hamsterrad, sondern in Deiner Mitte.

Lieben
macht lebendig

Bring die Menschen in deiner Umgebung mit ihrer Liebe in Berührung. Trau dich, zu lieben und geliebt zu werden.

Kein Leben ohne Liebe

Es ist kein ehernes Gesetz, dass wir nur soviel Liebe geben können, wie wir empfangen haben. Weil wir in der Tiefe unseres Herzens wissen, was Liebe ist, sind wir fähig, sie auch andern zu schenken, und mehr zu schenken, als wir empfangen haben. Indem wir sie schenken, werden wir nicht ärmer an Liebe. Im Gegenteil, durch das Lieben wird die Liebe in uns vermehrt. Indem wir Menschen lieben, wird die Quelle der Liebe, die auf dem Grund unserer Seele strömt, ansteigen und immer mehr unser Bewusstsein durchdringen. So werden wir, indem wir lieben, zu liebevollen Menschen.

Geteiltes Glück

Viele suchen in der Liebe das Glück. Sie sind glücklich, wenn sie sich geliebt fühlen. Doch die Liebe
lässt sich nicht festhalten. Sie wird nur in mir
fließen, wenn ich sie weiterverschenke, und zwar
nicht nur dem, der mich liebt, sondern auch anderen Menschen. Sonst würde sie zu einem Egoismus zu zweit, zu einer Symbiose, die das Leben
irgendwann ersticken lässt. Liebe, die mit vielen
geteilt wird, ist der Weg zum Glück. Die Liebe setzt
das weite Herz voraus. Und auch Glück atmet nicht
Enge, sondern Weite und Freiheit. Ein Glück, das
ich festhalten will, entgleitet mir. Glück will geteilt
werden. Nur so wird es bleiben.

Hingabe

Wer einen andern Menschen liebt, der möchte gar nicht ganz bei sich bleiben. Er möchte beim andern sein, weil er ihm alles bedeutet. Solche Hingabe ermöglicht die Erfahrung eines neuen Reichtums. Wer sich an den geliebten Menschen hingibt, wird von seiner Liebe so sehr beschenkt, dass er sich reicher und lebendiger und freier fühlt als zuvor. Wer sich nicht hingeben kann, bleibt letztlich immer allein mit sich. Er kann einem andern nicht begegnen. Ohne Hingabe kann man nicht lieben und ohne Hingabe nicht leben.

Die Hingabe wird dich reich beschenken. Sie führt dich in die Freiheit und in ein abgrundtiefes Vertrauen, dass dein Leben gut wird. Du kannst dich fallen lassen. Du fühlst dich getragen. Dein Muskelpanzer, den du durch dein Festhalten aufgebaut hast, fällt zusammen. Du spürst dich selbst lebendig und weit. Dein Leben wird fruchtbar. Indem du dich hingibst, blühst du auf.

Amen des Universums

Manchmal spüren wir in uns eine Liebe, die zu allem strömt, was ist. In ihr fühlen wir uns mit allem eins. Novalis hat diese Erfahrung im Blick, wenn er sagt: »Die Liebe ist das Amen des Universums.« Die Liebe erfüllt das ganze Universum. Sie strömt uns aus einer schönen Blume entgegen. Sie begegnet uns in der Schönheit der Berge. Johannes vom Kreuz nennt die Berge »mein Geliebter«. Sie waren für ihn verdichtete Liebe. Amen heißt Bejahung. In der Liebe bejaht sich das Universum selbst. Und in der Liebe sagt das Universum Ja zu uns Menschen. Wer sich der mütterlichen Erde überlässt, indem er sich auf eine blühende Frühlingswiese legt, der fühlt dieses Amen des Universums. Er fühlt sich von Liebe durchdrungen und umgeben. Die Sonne erfüllt ihn mit Liebe, der Wind streichelt liebevoll seine Wangen. Und alles Tönen der Natur macht die Liebe für ihn hörbar.

Trau der Liebe, werde Mensch

Lass dich in deinem Herzen von der Liebe berühren, die dir entgegenkommt oder die in dir aufflammt. Gott selbst berührt dich dabei und öffnet dich für das Geheimnis einer klaren und lauteren Liebe, die allen und allem gilt. In dieser Liebe bist du in Gott und in dieser Liebe wirst du erst ganz zum Menschen, so wie Gott ihn gedacht hat.

In deiner Liebe, auch wenn sie noch so vermischt ist mit Besitzansprüchen und Habenwollen, leuchtet immer auch etwas auf von der spirituellen Liebe, die deine tiefste Sehnsucht nach Liebe erfüllt. Traue deiner Liebe, aber gehe deiner Liebe auch auf den Grund, damit du dort Gott findest als die eigentliche Quelle deiner Liebe. Und folge deiner Liebe bis zum Ende. Dann wird sie dich zu Gott führen, der die Liebe selber ist.

Zweckfrei

Die Liebe ist stärker als alles Berechnen. Sie lässt sich nicht einzwängen in unsere Lebenspläne. Sie blüht einfach auf, wo und wann sie will. Die Rose blüht, weil sie blüht, sagt Meister Eckhart. Sie fragt nicht nach Nutzen. Sie ist einfach da. Die Liebe fragt nicht nach ihrer Berechtigung. Sie ist, weil sie ist. Sie durchbricht alles Zweckmäßige. Sie ist frei und lässt sich nicht vorschreiben, wo und wie sie blühen darf. Sie blüht einfach. Und wo sie aufblüht, erfreut sie unser Herz.

Ganz Liebe

Es gibt auch eine Liebe, die allen gilt, allen Menschen, den Tieren, den Blumen, einer Tätigkeit. Es gibt die Liebe zum Augenblick. Lieben ist offensichtlich mehr, als in einen anderen verliebt zu sein. Liebe meint die wohlwollende Zuwendung zu allem. Ein Mensch, der ganz Liebe ist, geht liebevoll mit sich selbst um, er berührt zärtlich die Blume in seinem Zimmer, er streichelt den Hund, der ihm begegnet, er kann liebevoll die Landschaft betrachten. Er strahlt eine Wärme und Liebe aus, die jedem gut tut, der in seine Nähe kommt Seine Liebe ist nicht gekünstelt. Er muss sie nicht seiner Aggressivität abringen. Er hat Verständnis für die Menschen in seiner Umgebung. Er reagiert barmherzig und milde und verzichtet auf hartes Urteilen.

Ein Raum zum Bleiben

Die Liebe ist nicht nur ein Gefühl, das wieder vergeht. Sie ist ein Raum, in dem man bleiben kann. Wir können die Liebe Gottes nicht nur für uns genießen. Wir müssen sie weiterfließen lassen zu den Menschen. Sonst stockt sie. Und dann bricht der Raum der Liebe zusammen, in dem es sich so gut wohnen lässt.

Es ist eine Ursehnsucht des Menschen, dass er nicht nur den Freund und die Freundin zu lieben vermag, sondern dass er selber zur Liebe wird. Wer zur Liebe geworden ist, der liebt alles um sich herum. Er begegnet jedem Menschen voller Liebe und lockt in ihm das Leben hervor.

Wer wirklich liebt

Wer wirklich liebt, dem genügt oft der Atem des Geliebten. Er fühlt im gemeinsamen Atmen, wie diese Liebe durch ihn hindurchströmt und ihn in tiefer Weise mit dem anderen verbindet. Im Atem werden sie miteinander eins. Wer diese menschliche Liebe achtsam und bewusst spürt, der wird auch Gottes Liebe erspüren, wenn er behutsam mit sich selbst mit den Dingen, mit Pflanzen und Tieren und mit den Menschen umgeht.

Die Voraussetzung, um Gottes Liebe leibhaft zu erfahren, ist, dass ich mich ganz und gar auf meinen Atem einlasse, dass ich mich selbst dabei vergesse, dass ich nur noch im Atem bin. Dann werde ich eine ähnlich intensive Erfahrung von Gottes Liebe machen, wie wenn ich in einem Kuss oder im sexuellen Einswerden die Liebe eines Menschen spüre.

Unverfälscht

Die unverfälschte Substanz unseres Wesens ist Liebe. Und nur wenn wir unsere Augen öffnen für diese tiefste Wirklichkeit, werden wir wahrhaft Mensch. Dann werden wir nicht mehr bestimmt von unseren Verletzungen und Kränkungen, sondern von der Liebe, die unsere Wunden verwandelt, die sie zu einem Schrei nach Liebe formt. Erst wenn wir die göttliche Liebe auf den Grund unserer Seele entdecken, hören wir auf, gehetzt und voller Gier draußen in der Welt die Befriedigung unserer Bedürfnisse zu suchen. Heilung ist möglich, wenn wir die Liebe erfahren, wenn Menschen uns bedingungslos lieben und wenn wir in der menschlichen Liebe die unendliche Liebe Gottes erkennen.

Selbstlos

Die Liebe schaut nicht auf ihren Vorteil, sie sucht nicht das Eigene. Sie kreist nicht um sich selbst. Sie muss sich nicht behaupten, weil sie einfach da ist. Sie benutzt den andern nicht für sich, sondern nützt ihm. Sie erwartet nicht vom andern das Glück, sondern möchte ihn beglücken. Sie presst den andern nicht aus, um sexuelle Lust zu erfahren, sondern will mit ihm eins werden. Die Liebe ist frei von dem ständigen Kreisen um sich selbst, das der Angst entspringt, zu kurz zu kommen. Die Liebe kommt nicht zu kurz. Wer von Liebe erfüllt ist, der hat genug, der muss nicht immer noch mehr haben.

Unverfügbar

Liebe braucht eine Haltung, die wir in dem klaren Wort Jesu finden: »Halte mich nicht fest!« Wenn sich jemand festgehalten fühlt, wird er sich gewaltsam loszureißen und zu befreien suchen. Oder er entzieht sich immer mehr der Liebe des anderen. Damit die Liebe lebendig bleibt, braucht es Nähe *und* Distanz. Es braucht nicht nur Verschmelzen, sondern auch Abgrenzung. Und es braucht das Gefühl für die tiefste Unverfügbarkeit des anderen, die Anerkennung des Geheimnisses in seiner Person – damit die Liebe atmen kann, damit sie Heimat bleibt und nicht ein Gefängnis wird.

Zur Liebe werden

Halte Deinem Engel der Liebe alles hin, was in Dir ist, auch die Wut und den Ärger, auch die Eifersucht und die Angst, auch die Unlust und Enttäuschung. Denn alles in Dir möchte von der Liebe verwandelt werden.

Lieben heißt nicht zuerst, liebevolle Gefühle zu haben. Lieben kommt von *liob*, gut. Es braucht zuerst den Glauben, das gute Sehen, um dann lieben, gut behandeln zu können. Liebe braucht erst eine neue Sichtweise. Bitte Deinen Engel der Liebe, dass er Dir neue Augen schenken möge, dass Du die Menschen um Dich und dass Du Dich selbst in einem neuen Licht sehen kannst, dass Du den guten Kern in Dir und den andern entdecken kannst. Dann kannst Du auch besser damit umgehen. Du musst die Liebe in Dir nicht schaffen. Du sollst aus dem Quell der göttlichen Liebe trinken, die in Dir sprudelt und die für Dich immer reicht.

Letzter Grund

Wenn ich mitten in meiner Einsamkeit, in meiner Traurigkeit, in meiner Verzweiflung auf dem Grund meiner Seele eine Quelle von Liebe spüre, dann weiß ich: Es stimmt. Die Liebe ist der letzte Grund meines Lebens, der Grund, auf den ich setzen kann. Es ist letztlich ein göttlicher Grund. Es ist nicht nur das Gefühl meiner Liebe, sondern die Liebe als Qualität des Seins, die Liebe als göttliche Qualität. Oder wenn mich ein Wort Jesu so tief trifft, dass ich spüre: Dieses Wort der Liebe fällt jetzt in mich hinein. Christus, der den Tod überwunden hat, sagt mir jetzt dieses liebende Wort. Und er wird mich im Tod mit dem gleichen Wort der Liebe begrüßen. Solche Erfahrungen, die ich in diesem Leben mache, können meinen Glauben bestärken, dass die Liebe auch über dieses Leben hinaus stärker ist als der Tod.

Wie die Liebe fließt

Suche dir einen Platz in der Sonne. Stelle dir vor, dass die Sonnenstrahlen langsam durch die Haut hindurchgehen und deinen ganzen Leib durchdringen und ihn mit Licht und Wärme erfüllen. Stelle dir vor, dass in den Sonnenstrahlen Gottes Liebe selber in dich eindringt. Wenn das stimmt, dass ich ganz und gar durchdrungen bin von Gottes Liebe, dann muss ich mich nicht mehr anstrengen, zu lieben. Dann bin ich einfach Liebe. Und die Liebe gibt meinem Leben einen neuen Geschmack, einen angenehmen und süßen Geschmack. Und ich bin auf einmal fähig, mich selbst zu lieben und die Liebe zu genießen, die in mir ist. Diese Liebe kann mir niemand nehmen. Und ich kann diese Liebe zu andern strömen lassen, ohne mich dazu drängen zu müssen. Sie fließt von alleine in diese Welt hinein und verbindet mich mit der Natur und mit allen Menschen, die mir einfallen.

Die Freude
weitet mein Herz

Innere Freude ermöglicht, dass alles, was ich tue, zum Ausdruck der Dankbarkeit wird. Sie lässt mich die Schönheit erkennen, die mich überall umgibt.

Glücklicher Morgen

Es liegt an mir, wie ich den neuen Tag beginne, ob ich ihn als Zumutung erlebe oder als Verheißung, ob der Tag für mich erwacht oder ob er mir schläfrig entgegenkommt, ungewaschen und ungekämmt, ohne Kraft und ohne Frische. Die Süße des Lebendigen ist da. Aber sie muss gespürt werden. Schlaftrunkene Augen werden sie nicht erkennen.

Mit offenen Augen

Es gibt die vielen kleinen Dinge, über die wir uns
täglich freuen können: den erfrischenden Morgen,
die aufgehende Sonne, die schöne Landschaft, in
der ich wandere, den Menschen, der mir freundlich begegnet und mich anstrahlt. Es braucht of-
fene Augen, um mich an meinem Leben freuen zu
können. Gerade wenn wir offen sind für das, was
uns begegnet, kommen wir mit der Freude in uns
in Berührung. Die Psychologin Verena Kast sagt,
dass Freude nichts kostet außer Aufmerksamkeit:
»Wir sehen etwas Schönes, wir hören etwas, das
uns ergreift, packt, etwas kommt zum Blühen ...«
Und wenn wir vor Freude Luftsprünge machen
können, so sagt sie, dann wird deutlich, dass
Freude ein Gegengewicht zur Erdenschwere ist
und zur Dunkelheit. »Freude suggeriert uns eine
mögliche Verbundenheit mit etwas, was über uns
hinausgeht.«

Heller Raum

Gerade wenn manches schiefgeht oder wenn wir morgens schon mit einer schlechten Laune aufstehen, bräuchten wir den Gute-Laune-Engel. Er führt uns einfach in andere Räume unserer Seele, damit wir auf den Tag mit helleren und hoffnungsvolleren Augen anschauen. Dann verwandelt sich unsere Laune. Und wir beginnen den Tag gut gelaunt. Wir lassen uns nicht mehr aus dem inneren Raum der guten Laune vertreiben. Wir richten uns heute dort ein und schauen auf unser Leben von diesem hellen Raum aus. Dann erscheint uns alles heller und fröhlicher.

Energie und Leichtigkeit

Freude lässt den Puls schneller schlagen. Sie bringt die Energie im Menschen zum Fließen. Alles geht uns schneller von der Hand. Freude schenkt dem Leben Leichtigkeit. Sie nimmt ihm das Angestrengte und Überfordernde. Wer aus dieser Freude heraus wirkt, dem gelingt mehr. Alles fällt ihm leicht. Die Erdenschwere schwindet. Die Freude drängt uns, etwas anzupacken. Sie ist eine wichtige Triebfeder der Kreativität. Wer aus Freude arbeitet, der wird nicht so leicht erschöpft. Ihm wird alles, was er tut, zur Freude. Er erfährt die Arbeit nicht als Last, sondern als etwas, das ihm Freude bereitet.

Alles wird Geschenk

Mit der Freude kommen wir nicht nur in Berührung, indem wir uns an die vergangenen Erfahrungen erinnern. Sie ist jetzt in uns. Und es kommt darauf an, an diese innere Quelle zu glauben und sie ins Bewusstsein zu heben. Oft sind wir von dieser Quelle abgeschnitten. Es haben sich Schatten auf sie gelegt, die sie verdunkeln. Wenn wir aber tief genug in uns hineinhorchen, dann entdecken wir unterhalb unserer Trauer und unseres Ärgers diese Quelle der Freude. Wenn wir aus ihr schöpfen, dann freuen wir uns an unserem Leben, an den Mitmenschen, an unserer Arbeit, an allem, was auf uns zukommt. Wir sehen in dem, was uns widerfährt, nicht etwas Bedrohliches, sondern etwas, was uns Gott schenkt, was er uns zutraut oder – oft genug – auch zumutet. Solche Freude kommt aus dem Herzen und fließt in das äußere Tun ein. Und dann gelingt das Tun auch anders.

Mit allen Sinnen leben

Wir können es üben, mit der inneren Freude in Berührung zu kommen. Sie weitet unser Herz. Wenn wir die Freude in uns spüren, geht uns manches leichter von der Hand. Dann bekommt unser Leben einen anderen Geschmack. Und es ist heilsam für unser ganzes Leben, wenn die Freude den Raum in uns einnimmt, der ihr eigentlich zukommt.

Freude beschwingt uns, sie lässt das Leben leichter werden. Und die Freude verbindet uns mit anderen Menschen. Freude drängt uns, sie mit anderen zu teilen. Geteilte Freude ist doppelte Freude, sagt das Sprichwort. Freude schafft Beziehung. Sie schenkt uns Lebendigkeit. Die Freude stärkt unsere Gesundheit. Das wussten schon die Weisen des Alten Testamentes: »Ein fröhliches Herz tut dem Leib wohl, ein bedrücktes Gemüt lässt die Glieder verdorren.« (Spr 17,22)

Musik verwandelt

Indem wir singen, spüren wir die Freude, die in der Tiefe unserer Seele schlummert. Sie wird durch das Singen oft wachgerüttelt, sodass sie unsere Stimmung prägt. Singen ist Ausdruck der Freude. Singen führt aber auch zu der Freude, die in uns ist. Das gilt von jeder Musik. Menschen, denen es nicht gut geht, kommen in Berührung mit ihrer inneren Freude, wenn sie etwa die Musik eines Mozart oder Bach oder Händel in sich eindringen lassen. Die Musik verwandelt die Stimmung unserer Seele. Sie erfüllt uns mit Freude.

Intensiver Geschmack

Lust am Leben, das kann heißen, dass ich ganz im Augenblick bin, dass ich durch einen herbstlichen Wald wandere und mit allen Sinnen wahrnehme, was sich mir da anbietet. Ich schaue dem Spiel des Lichtes zu, wie die Sonne durch den Laubwald hindurchscheint und die grünen und bunten Blätter in farbigem Licht aufleuchten lässt. Ich lasse die milden Sonnenstrahlen in meine Haut dringen. Ich rieche den Geruch des Waldes, der alle Augenblicke wechselt. Da habe ich Lust am Leben, da koste ich den Geschmack des Lebens. Darin besteht die Kunst, alles andere zu vergessen und nur im Augenblick zu sein, nur wahrzunehmen, was ist. Das ist intensives Leben. Da schmeckt das Leben.

Es ist schön, gesund zu sein, seinen Leib zu bewegen. Es macht Spaß, frei durchzuatmen. Und es ist eine Freude, die täglichen Überraschungen des Lebens bewusst wahrzunehmen.

Ekstase der Schönheit

Freude ist dort, wo die Augen die Schönheit der Welt schauen und die Ohren versunken der tiefen Melodie lauschen. Das Hören vermag in mir Glücksgefühle auszulösen. Aber Hören ist immer im Augenblick. Ich höre immer nur den gegenwärtigen Ton. Ich kann mir die Melodie nochmals vorsummen. Aber ich kann sie nicht festhalten. Wenn sie in mir aufklingt, dann erhebt sie das Herz, dann versinke ich im Gefühl der Freude. Hören führt über mich hinaus. Hören ist immer Ekstase: aus sich herausgehen, um das Wunder der Musik in mich aufzunehmen und mich von der Musik über mich hinausführen zu lassen in das Geheimnis des Unhörbaren, in das Geheimnis Gottes.

Freude ist ein Licht, das uns von Gott her kommt, ein Licht, mit dem Gott selbst uns heimleuchtet, damit wir den Weg finden zu dem Ort, an dem wir wahrhaft daheim sind.

Ansteckend

Heiterkeit steckt an. In der Nähe eines heiteren Menschen kann man sich nicht über den Weltuntergang unterhalten. Einem heiteren Menschen kann man keine Angst einjagen. Er ruht in sich. Und so kann ihn nichts so leicht umwerfen. Wenn du mit einem so heiteren Menschen sprichst, dann kann sich auch dein Inneres aufheitern, dann siehst du auf einmal dein eigenes Leben und deine Umgebung mit anderen Augen. Es tut dir gut, in der Nähe eines heiteren Menschen zu sein.

Fröhlichkeit hat etwas Lebendiges, Hüpfendes, Springendes an sich. Sie springt mich an. Sie macht das Leben leichter.

Im Raum
der Stille sein

In dir ist schon der Raum der Stille. Du musst ihn nicht schaffen. Du brauchst nur in Berührung zu kommen mit dem Raum des Schweigens, der in dir ist und dich zu heilen vermag.

Bei mir daheim

Wie komme ich dazu, bei mir daheim zu sein? Ein
Weg ist die Stille. Ich bleibe stehen. Ich setze mich
hin und versuche, die Stille um mich herum und
die Stille in mir wahrzunehmen. Ich spüre mich
selbst in der Stille. Und ich stelle mir vor, dass mich
Gottes heilende und liebende Gegenwart einhüllt.
Entscheidend ist, dass ich mich in der Stille nicht
bewerte. Es werden in der Stille alle möglichen Gedanken und Gefühle hochsteigen. Aber wenn ich
sie anschaue und mir vorstelle, dass unterhalb all
dieser Gedanken und Gefühle Gott selbst in mir
wohnt, dann kann ich auch in mir selbst wohnen.
Unterhalb der lärmenden Gedanken in mir selbst
ist ein Raum der Stille. Ich muss diesen Raum nicht
schaffen. Er ist in mir. Ich kann in ihn eintauchen.
Es gibt Kirchen, die gebaute Stille sind. Es gibt in
der Natur Orte der Stille. Wenn ich mich an solche
Orte setze und auf die Stille um mich herum hor-
che, dann fühle ich mich auch daheim. Dann bin
ich umgeben von heilsamer Stille.

Sitzen und horchen

Wenn du still dasitzt und in dich hineinhorchst, gehe immer tiefer auf den Grund deiner Seele. Zunächst wirst du auf deine Sorgen und Ängste stoßen, dann auf Ärger und Enttäuschung oder auf andere Gefühle. Gehe durch all diese Gefühle hindurch, gehe auch durch die Verletzungen, die vielleicht auftauchen, hindurch. Geh durch den Schmerz der Trauer hindurch, dass dein Leben so gelaufen ist, wie es lief; dass du jetzt so bist, wie du bist und nicht der ideale und perfekte Mensch, von dem du einmal geträumt hast. Gehe immer tiefer in deinen eigenen Grund, in das, was der Mystiker Johannes Tauler »Seelengrund« genannt hat. Stelle dir vor, dass dort im Grund deiner Seele Gott wohnt. Und dort, wo Gott in dir wohnt, ist Friede, Freiheit, Liebe, Geborgenheit, Weite.

Leise Stimmen

Wenn ich mich in die Stille begebe und in mich hineinhorche, höre ich erst einmal viele Stimmen. Ich spüre: Auf sie kann ich mich nicht verlassen. Aber wenn diese Stimmen verfliegen, wenn ihr Gewirr sich verflüchtigt, werden leise Stimmen in mir hörbar. In diesen leisen Impulsen meiner Seele spüre ich eine innere Stimmigkeit. Und ich spüre: Auf diese zarten Impulse kann ich mich verlassen. Ich halte sie erst noch einmal Gott hin, um im Gebet zu überprüfen, ob ich mir selbst etwas vormache. Im Gebet spüre ich nochmals die Qualität dieser leisen Stimmen in mir. Ich lasse mich ein auf den Geschmack dessen, was sie mir bedeuten. Wenn sie mich in größere Lebendigkeit, Freiheit, Frieden und Liebe hineinführen, dann sind sie von Gott. Dort, wo ich mit meinem innersten Wesen in Einklang bin, bin ich auch eins mit Gott. Und da erlebe ich, dass ich mich auf den Gott in mir verlassen kann und durch Gott auch auf mein wahres Selbst.

Aus dem Herzen

Wenn du bei dir bist, dann lässt du dich nicht mehr von außen bestimmen, sondern schöpfst aus der inneren Quelle. Du wirst das sagen, was aus deinem Herzen kommt, was für dich stimmt. Du lässt dich nicht aus deiner Mitte reißen und von deiner Quelle abschneiden.

In der Meditation finde ich meine Mitte. Und in der Mitte entspringt die Quelle des Heiligen Geistes, und hier komme ich in Berührung mit meinen inneren Ressourcen. Solange andere mich bestimmen, werden meine Emotionen von ihnen geprägt und verunreinigt. Meditation ist Reinigung der Emotionen. Wenn ich mich nicht von Ärger, Ungeduld, Neid oder Eifersucht mitreißen lassen will, dann ist es notwendig, die Emotionen zu reinigen. Die Meditation als Reinigung der Emotionen ist daher ein Weg zur Gesundung der Seele.

Schweigen klärt

Schweigen führt zu einem neuen Wissen: Ich schaue in mich hinein, ich sehe die Wirklichkeit, wie sie ist, ich verstelle sie nicht mehr mit Worten. Wer schweigt, wird weise. Er weiß mehr. Er sieht auf das Wesentliche. Friedrich Nietzsche war oft mit sich allein. Aber gerade im Schweigen kamen ihm die wichtigsten Einsichten: »Der Weg zu allem Großen geht durch die Stille.« Die Stille, so sagen die frühen Mönche, klärt das Trübe in uns. So wie der gute Wein lange stehen muss, damit die Trübungen sich klären, so bedürfen wir der Stille, damit sich aller innere Schmutz setzen kann. Und nur wenn wir klar sehen, erkennen wir das Wesen der Dinge. Nur aus solcher Stille kann Großes hervorgehen. Da entdecken wir Neues. Wir sagen nicht nach, was alle anderen auch sagen. Wir kommen mit dem Sein selbst in Berührung. Und so geht uns auf, worum es eigentlich in unserem Leben geht.

Schweigen eint

Vieles kann lärmen: die Autos auf der Straße, die Lautsprecherboxen in der Wohnung, Menschen, die einander anschreien, Maschinen in der Fabrik, der Presslufthammer an der Baustelle. Der Lärm vermittelt immer auch den Eindruck von Geschäftigkeit, von Wichtigkeit. Die Stille ist immer eins. Ich stehe einfach und bin da. Das Stehen bleiben allein erzeugt allerdings noch keine Stille. Es ist erst die Voraussetzung. Wenn ich stehen bleibe, dann werden in der Stille erst die Turbulenzen des Herzens aufsteigen: meine Emotionen, meine Gedanken können lärmen. Und es braucht Mut, sich all diesen Gefühlen und Überlegungen zu stellen, um sie allmählich loszulassen, damit ich auch innerlich still werde. Wenn ich still bin, dann bin ich eins mit dem Augenblick, eins mit mir und eins mit Gott. Das Schweigen eint. Es führt mich in die Erfahrung des Einsseins mit allem, was ist.

Ganz da

Ohne Stille wird alles banal. Wir müssen still stehen bleiben, um das Geheimnis zu erahnen. Es braucht das Schweigen, um die Tiefe des Seins zu erkunden. Wer nie still sein kann, der bleibt immer an der Oberfläche. Er taucht nie ein in das Wunder des Seins. Die Stille hat immer mit der Zeit zu tun. Wenn die Zeit stillsteht, dann kann auch das Herz still werden. Im Hetzen kann die Seele keine Stille erfahren, auch wenn um sie herum alles schweigt. Das Schweigen des Herzens wird möglich, wenn ich aufhöre, innerlich oder äußerlich zu reden, und wenn ich beginne, ganz im Augenblick zu sein. Wenn ich beim Stillsitzen an die Termine denke, dann schweige ich nicht. Ich bin wieder beschäftigt, auch wenn es im Zimmer noch so still ist. Stille wird nur möglich, wenn wir nicht nur den Gedankenfluss anhalten, sondern auch den Fluss der Zeit. Stille ist immer: ganz da sein, sich vergessen in den Augenblick hinein, wahrnehmen, was ist.

Wahrhaft frei

Es ist der Raum des Schweigens, in dem Gott selbst in mir wohnt. Dort bin ich wahrhaft frei. Dort hat keiner Macht über mich. Dort kann mich niemand verletzen. Dort bin ich heil und ganz. Für mich ist es ein tägliches Bedürfnis, mich hinzusetzen und zu meditieren. In der Meditation stelle ich mir vor, wie mich mein Atem und das Wort, das ich mit dem Atem verbinde, in diesen inneren Raum der Stille hineinführt. Dort haben die Menschen, die heute in mein Büro kommen, keinen Zutritt. Dort kann mich niemand mit seinen Wünschen und mit seinen Urteilen und Verurteilungen erreichen. Dort kann ich frei atmen. Dort bin ich allein mit meinem Gott. Das gibt meinem Leben Würde. In diesem inneren Raum der Stille komme ich in Berührung mit meinem wahren Selbst.

Allein. Und eins

Im Alleinsein erahne ich etwas von der Ursehnsucht des Menschen, aus der Vielheit in die Einheit zu gelangen, eins zu sein mit sich und mit Gott, eins zu sein mit den Menschen und mit der Welt. Wer so eins ist mit allem, der nimmt die Wirklichkeit wahr, wie sie ist. Er kommt ihrem Geheimnis auf die Spur. Er erkennt, was die Wirklichkeit im Tiefsten zusammenhält.

Alleinsein ist ein Weg, eins zu werden mit sich selbst, einverstanden zu sein mit seinem Wesen und mit dem Wesen aller Dinge. Jeder von uns darf manchmal die Erfahrung des Einsseins machen. In solchen Augenblicken fühle ich mich eins mit mir, einverstanden mit meiner Lebensgeschichte, eins mit der Schöpfung, eins mit Gott und eins mit allen Menschen. Zeit und Ewigkeit fallen in solchen Momenten in eins.

Verbunden

Setzen Sie sich einmal allein in Ihr Zimmer. Schlie-
ßen Sie die Augen und stellen Sie sich vor: Ich bin
jetzt ganz allein. Mein Telefon ist ausgeschaltet.
Niemand erreicht mich jetzt, niemand denkt an
mich. Ich bin ganz auf mich allein gestellt. Spüren
Sie diesem Gefühl nach. Vielleicht taucht bei dieser
Vorstellung in Ihnen Traurigkeit auf. Aber halten
Sie dieses Gefühl aus und gehen Sie durch das Gefühl hindurch. Stellen Sie sich vor: das Gefühl der
Einsamkeit ist vor allem in meinem Herzen. Aber
ich gehe durch das Herz hindurch in den Grund
meiner Seele. Und dort gelange ich nicht nur in
den Grund meiner Person, sondern in den Grund
Gottes und in den Grund von allem, was ist. Dort
auf dem Grund meiner Seele fühle ich mich mit
der ganzen Schöpfung verbunden. Und dort fühle
ich mich zutiefst mit den Menschen verbunden,
auch wenn ich jetzt mit niemandem rede oder niemandem schreibe. Ich muss den anderen nichts
sagen. Im Schweigen bin ich mit ihnen verbunden.

Ganz
im Augenblick

*Wenn wir ganz im Augenblick sind, erleben
wir das Leben in seiner ganzen Intensität.
Wir erleben, dass unser Leben gut ist.*

Gnade aller Gnaden

Es ist eine große Gnade, sich selber annehmen zu
können. Aber die Gnade aller Gnaden besteht darin, sich selbst vergessen zu können. Sich selbst zu
vergessen ist die Kunst, wirklich präsent zu sein,
ganz im Augenblick zu sein, sich ganz auf das einzulassen, was gerade ist. Nur wenn ich mich selbst
vergesse, bin ich wirklich da. Nur wenn ich aufhöre, ständig an mich und meine Wirkung nach
außen zu denken, kann ich mich auf eine Begegnung und auf ein Gespräch einlassen. Dann kann
ich genießen, was da zwischen uns entsteht.

In diesem Augenblick

Wir können die Vergangenheit nicht loslassen. Und wir schauen ängstlich in die Zukunft, was sie wohl bringen möge. Der einzige Weg, von der Verzweiflung frei zu werden, ist: ganz im Augenblick zu sein. Jetzt in diesem Augenblick lebe ich vor Gott. Und jetzt bin ich von seiner Liebe umfangen. Das genügt. Was war und was kommen mag, kümmert mich nicht und bereitet mir keinen Kummer. Wenn wir uns dem Leben überlassen, im Vertrauen, dass es gut ist, wie es ist, dass es gerade so sein darf, wie wir es erleben, dann können wir jeden Augenblick genießen.

Besondere Augenblicke

Wenn wir offen sind, erfahren wir besondere Augenblicke: Da duftet die Wiese, da verströmt der Wald einen eigenen Geruch. Wir riechen, wir schmecken, wir hören und wir schauen es. Wer ganz in seinen Sinnen ist und die Schöpfung um sich herum wahrnimmt, der erfährt Glück, dem kommt es von außen entgegen. Wenn wir die Fülle des Lebens in uns selbst zulassen, dann sind wir im Einklang mit uns selbst. Dann ist die Fülle des Lebens da. Wir müssen uns ihr nur öffnen. Glück hat damit zu tun, uns selbst zu vergessen, nur einfach da zu sein. Glück ist reines Sein. Wer sich vergisst, wer ganz in dem ist, was er gerade tut, der ist glücklich. Es geht dann gar nicht um ein Gefühl. Gefühle kann man sowieso nicht festhalten. Es geht einfach nur um die Fähigkeit, da zu sein.

Lebe einfach, lebe jetzt

Einfach leben heißt, jetzt im Augenblick leben und alles Überlegen über das, was kommen mag, loszulassen. Wenn wir zu sehr nach dem Kommenden Ausschau halten, übersehen wir das, was jetzt für uns dran ist. Wenn wir uns über die Zukunft den Kopf zerbrechen, weichen wir den Herausforderungen des Augenblicks aus. Daher ist der beste Rat, das einfache Leben zu verwirklichen: »Lebe jetzt!«

Sorge nicht für morgen. Lebe jetzt in diesem Augenblick. Jetzt hast du genügend Kraft. Was morgen ist, das überlasse dem kommenden Tag. Oder aber überlasse es Gott, der dich auch morgen trägt.

Leichtigkeit des Vogels

Don Boscos Rat: »Mach's wie der Vogel, der nicht aufhört zu singen, auch wenn der Ast bricht. Denn er weiß, dass er Flügel hat.« Wir bräuchten etwas von der Leichtigkeit des Vogels. Er singt, auch wenn der Ast, auf dem er sitzt, bricht. Auch wenn uns der Boden unter unseren Füßen entzogen wird, können wir weitersingen. Denn wie der Vogel hat auch unsere Seele Flügel. Sie trägt uns über die alltäglichen Probleme hinweg. Sie beflügelt uns, damit wir alles von einer anderen Warte aus betrachten. Dann relativieren sich unsere Sorgen und Ängste. Mitten in unserer Angst, dass uns der Boden, auf dem wir stehen, schwankt, erheben wir uns mit unserer Seele zum Himmel. Dort kann uns die Angst nicht mehr erreichen.

Leichtigkeit des Engels

Es gibt so viele Situationen in unserem Leben, die uns im ersten Augenblick schwer vorkommen. Wir spüren einen inneren Widerstand, wir fühlen uns ausgepowert. In all diesen Situationen bräuchten wir einen Engel, der unsere Seele beflügelt, um die Situation leichter zu nehmen, sie von einer anderen Warte aus zu betrachten. In solchen Situationen ist es gut, sich nicht an den Problemen festzubeißen oder sich anzustrengen, mit aller Kraft eine Lösung anzustreben. Da sollten wir einfach auf den Engel schauen, der schon bei uns ist. Er nimmt alles leichter. Und er lädt auch uns ein, manches auf die leichte Schulter zu nehmen. Das ist hilfreicher, als uns zu viel aufzuladen und unter der Last, die auf unseren Schultern lastet, zusammenzubrechen.

Freude spüren

Die Freude hat die Fähigkeit, uns ganz in den Augenblick zu versetzen. Wenn ich mich freue, bin ich ganz präsent. Das Denken kreist immer um die Vergangenheit oder Zukunft. Die Freude spüre ich in der Gegenwart und sie macht mich gegenwärtig. In der Freude komme ich mit mir selbst in Berührung. Im Denken bin ich immer von mir selbst entfernt. Die Freude bringt mich in die Nähe zu mir selbst und in die Nähe zum gegenwärtigen Augenblick. Die Freude ist eine Schwester der Lust. Auch die Lust empfinde ich *jetzt*. Vergangene oder zukünftige Dinge sind nicht mit Lust verbunden, höchstens wenn das Vergangene oder Künftige jetzt in meiner Vorstellung gegenwärtig wird. Die Freude schafft Gegenwart. Und umgekehrt bewirkt die Fähigkeit, ganz im Augenblick zu sein, Freude. Freude ist Ausdruck des reinen Seins, der klaren Gegenwart.

Tanzen

Im Tanzen können wir uns selbst vergessen. Da sind wir ganz bei uns. Der Tanz bringt uns vom Kopf in den Leib. Er löst die Spaltung zwischen Leib und Seele, zwischen Denken und Fühlen, zwischen dem Augenblick und den Gedanken, die in die Ferne schweifen, auf. Er führt uns in die Gegenwart, in den Leib, in den augenblicklichen Schritt. Der nächste Schritt ist alles. Auf ihn sich einzulassen, hebt die Zerstückelung der Zeit auf und macht gegenwärtig. Wenn wir so ganz eins sind mit uns selbst, kommt uns der jüdische Rabbi ganz nahe, von dem erzählt wird, er habe so getanzt, dass er mit jedem Schritt heilige Einungen vollzogen habe. Es ist der Tanz der Liebe, der Tanz der Schöpfung, der Tanz, der uns über alles Irdische und Zeitliche hinausführt und uns schon jetzt in der Bewegung des Tanzes teilhaben lässt am reinen Augenblick der Ewigkeit.

Schlafen

Wenn ich vor dem Schlafengehen meine Sorgen Gott anvertraue, kann ich mich ruhig schlafen legen. Und dann werde ich am nächsten Morgen erfahren, dass der Schlaf die Sorgen ausgelöscht hat wie ein Löschblatt, das den Tintenfleck unsichtbar macht. Wer der heilenden Wirkung seines Schlafes vertraut, der wird seine Sorgen los. Im Schlaf besuchen ihn die Engel im Traum. Sie wischen die Sorgen weg. Er muss gar nichts selbst tun. Sein Beitrag dazu ist nur, sich mit seinen Sorgen dem Schlaf anzuvertrauen. Im Schlaf lasse ich mich in Gottes gute Arme fallen. Da bin ich getragen. Und dort werden die Sorgen ausgelöscht.

Fliegen

Wenn wir im Traum fliegen und durch schöne Landschaften schweben, dann kommen wir mit der Leichtigkeit unserer Seele in Berührung. Unsere Seele ist gleichsam beflügelt. Sie kann sich den alltäglichen Problemen entziehen, um sich auf sich selbst zurückzuziehen. Beim Fliegen können wir den Hindernissen, die sich in den Weg stellen, ganz leicht ausweichen. Wir fliegen einfach höher. Dann steht uns nichts mehr im Weg. Allerdings darf das Fliegen keine Flucht bedeuten, sondern nur ein Zufluchtnehmen zum inneren Raum der Seele, um sich von dort aus wieder den Konflikten des Alltags zu stellen. Wenn wir so einen Traum innerlich weiterträumen, so wäre es gut, an die Landung zu denken, wieder Boden unter den Füßen zu bekommen.

Nichts festhalten

Nehmen Sie sich einmal für folgende Übung Zeit: Ich setze mich auf eine Bank und nehme wahr, was ich beobachte. Ich höre das Rauschen des Windes. Ich lasse die Sonne in mich eindringen. Ich genieße den Augenblick. Aber zugleich werde ich mir bewusst: Dieser Augenblick lässt sich nicht festhalten. Ich kann ihn aber genießen, wenn ich bereit bin, ihn auch loszulassen. Die Sonne lässt sich nicht festhalten. Sie wandert. Sie versteckt sich hinter Wolken und kommt wieder hervor. Der Wind ist in jedem Augenblick anders. Ich nehme dankbar wahr, was ich erlebe. Und trotzdem lasse ich jeden Augenblick wieder los. Ich danke für das, was ich wahrnehme, ohne es festhalten zu wollen. Im Abschied bleibt die Essenz des Augenblicks in mir erhalten. Alles, was ich erlebe, prägt sich in mir ein und formt mich. Aber ich wandle mich auch jeden Augenblick. Ich kann nichts festhalten. Ich gehe dankbar weiter und bin offen für das, was sich mir zeigt, worin Gott jetzt zu mir spricht.

Vom Glück
der Beziehung

*Wir alle spüren in uns die große
Sehnsucht nach einem Miteinander,
das unsere Seele bereichert.*

In Beziehung zu den Dingen

Die Sinne bringen mich in Beziehung zu den Dingen. Ich schaue eine Blume an, betrachte ihre Schönheit, spüre mich in ihr Geheimnis hinein. Ich rieche an ihr. Ich nehme sie wahr. Ich betaste sie zärtlich. So komme ich in Beziehung zu ihr. Oder ich betaste einen Baum, spüre die Kraft in ihm. Oder ich nehme einen Stein in die Hand, schließe die Augen und betaste ihn mit den Fingern. Es braucht Achtsamkeit, Stille, Offenheit, um in Beziehung zu den Dingen zu treten. Dann kann ich es auch im Alltag einüben. Ich nehme den Telefonhörer bewusst in die Hand. Ich spüre den Kugelschreiber, mit dem ich schreibe, oder die Tastatur meines PCs, auf dem ich meine Texte tippe. Ich gehe achtsam mit den Büchern um, die ich in die Hand nehme, mit der Handtasche, mit allem, was ich tagsüber immer wieder in die Hand nehme. Ich kann mich nicht nur Achtsamkeit zwingen. Es ist ein Übungsweg, der mir gut tut, der mich die Dinge intensiver erfahren lässt.

In Berührung mit anderen

Nur wenn ich mit mir in Berührung bin, kann ich mit anderen Menschen in Berührung kommen. Ich habe dann keine Angst mehr, dass der andere in mir etwas entdecken könnte, was ich vor mir verborgen habe. Wenn ich selber eingetreten bin in das Haus meines Leibes und meiner Seele, wird es mir auch möglich, den anderen in mein Haus eintreten zu lassen. Ich kann ihm alles zeigen, was in mir ist, weil ich es mir selbst erlaubt habe, dass mein Lebenshaus so aussieht. Die Beziehung zu mir selbst nimmt mir die Angst vor der Nähe des anderen. Weil ich mir nahe geworden bin, vermag ich auch die Nähe des anderen nicht nur zuzulassen, sondern sie sogar zu genießen.

Beziehungsübungen

Die Atemübung: Ich spüre meinen Atem und komme durch meinen Atem in Berührung mit meinem Körper. Ich lasse den Atem in den ganzen Körper hineinströmen und erforsche so durch den Atem meinen Leib. Ich versuche, überall im Leib zu wohnen, mit allem, was in mir ist, in Beziehung zu kommen. Der Atem strömt bis in die Zehen und in die Fingerspitzen. Ich streichle mich gleichsam liebevoll mit dem Atem. Wenn mir das gelingt, fühle ich mich eins mit mir selbst. Ich wohne in meinem Leib und bin in Beziehung zu ihm.

Die Handübung: Ich halte die Hände zusammen und spüre mit einer Hand die andere. Ich nehme die Wärme wahr, die zwischen den Handflächen entsteht. Dann kann ich die Hände langsam auseinanderschieben und dabei versuchen, mit einer Hand den Kontakt zur anderen zu spüren. Dann nähere ich die Handflächen wieder aneinander an. Manchmal kann ich dann eine Anziehung zwischen beiden Handflächen spüren. Wenn ich sie dann wieder zusammenhalte, spüre ich die Beziehung zwischen den Händen. Die Wärme, die Liebe, das Leben strömt von einer Handfläche zur andern. Es strömt in mir. Ich spüre mich. Ich bin in Beziehung zu mir selbst.

Die Herzensübung: Ich halte eine Hand auf das Herz und spüre die Sehnsucht, die in meinem Herzen auftaucht. Ich spüre mich in die Sehnsucht hinein und in die anderen Gefühle, die in meinem Herzen sind. Die Sehnsucht führt mich in die Tiefe meiner Seele, in den Grund meiner Seele. Dort entdecke ich in mir einen tiefen inneren Frieden, Lebendigkeit und Freiheit. Ich kann mich nur spüren, wenn ich aufhöre, mich zu bewerten. Ich bewerte gar nichts. Ich nehme einfach nur wahr. Ich gebe mir innerlich die Erlaubnis, dass alles sein darf, was da in mir auftaucht. So komme ich mit allem, was in mir ist, in Beziehung. Und in dieser Beziehung erfahre ich mich lebendig. Das Leben strömt in mir.

Mir selbst nahe

Wir brauchen Menschen, die uns Geborgenheit schenken. Und wir brauchen Gottes heilende und liebende Nähe, in der wir uns geborgen wissen. Doch wenn wir nur und ausschließlich von anderen Menschen oder von Gott diese bergende Nähe ersehnen, werden wir sie nie erfahren. Wir müssen also etwas ganz Elementares lernen: Uns selbst nahe zu sein, es bei uns selbst auszuhalten, liebevoll mit uns umzugehen, damit wir auch die Nähe und Geborgenheit genießen können, die wir von anderen Menschen und von Gott erleben. Die Sehnsucht nach Geborgenheit darf uns nicht in die Passivität führen. Vielmehr soll sie uns in Bewegung bringen, damit wir uns selbst nahekommen und uns für die Menschen öffnen, die schon in unserer Nähe sind.

Abgrenzung und Hingabe

Damit Begegnung gelingt, braucht es einen guten
Ausgleich von Grenze und Grenzüberschreitung,
von Schutz und Sich-Öffnen, von Sich-Abgrenzen
und Sich-Hingeben. Ich muss um meine Grenze
wissen. Erst dann kann ich sie immer wieder über-
schreiten, um auf den anderen zuzugehen und
ihm zu begegnen, ihn in der Begegnung zu berühren und darin möglicherweise einen Augenblick
von Eins-Werden zu erfahren.

Damit Beziehung lebendig bleibt

Wir dürfen vom andern nicht alles erwarten. Der andere kann uns nie absolute Liebe und absolute Geborgenheit und absolutes Verständnis schenken. Wenn wir die Beziehung zum Ideal überhöhen und vom anderen so etwas wie das Paradies auf Erden erwarten, überfordern wir ihn mit unseren Erwartungen. Dann wird die Beziehung immer schwieriger werden. Wenn wir aber dankbar annehmen, was der andere in seiner Begrenztheit uns an Liebe, Geborgenheit und Verständnis schenkt, dann wird unsere Beziehung entkrampft. Wir erkennen in dem, was wir vom andern erfahren, einen Verweis auf die absolute Liebe. Und so hält uns die Beziehung zum andern lebendig auf unserem Weg zu dieser absoluten Liebe hin, die Gott ist. Daher ist für mich die Beziehung zu Gott eine große Hilfe, damit die Beziehung zu den Menschen gelingt.

Einander vertrauen

In jeder Beziehung gibt es Enttäuschungen. Doch ich lege den andern nicht fest auf seine Fehler und auf sein Versagen, sondern glaube trotzdem an den guten Kern in ihm. Und ich glaube auch, dass in mir ein guter Kern ist. Ich erlebe ja auch mit mir selbst Enttäuschungen. Ich tue nicht das, was ich eigentlich möchte. Ich bin eifersüchtig, obwohl ich es nicht sein möchte. Es gibt dann Menschen, die sich ständig nur verurteilen und meinen, sie kämen einfach nicht weiter, sie würden keine inneren Fortschritte machen. Sie schreiben sich selbst ab. Der Glaube vertraut darauf, dass das Gute in mir stärker ist als all die Schwächen, an denen ich leide.

Kraftquelle Vertrauen

Vertrauen ist, ähnlich wie die Treue, eine wichtige Quelle, aus der wir Kraft schöpfen. Wer ständig misstrauisch ist, der verbraucht viel Energie, um immer alles zu kontrollieren. Wer meint, alles kontrollieren zu müssen, dem gerät das Leben todsicher außer Kontrolle.

Wer aus der Quelle des Vertrauens schöpft, braucht weniger Energie, etwa eine Firma zu führen. Und er wird auch in seiner alltäglichen Arbeit gelassener und ruhiger wirken können. Und vor allem spart ihm das Vertrauen viel Energie im Zusammenleben, auch im privaten Bereich und in der Familie. Er wird nicht misstrauisch auf seine Ehepartnerin oder auf die Kinder schauen. Er verzichtet darauf, alles kontrollieren zu wollen. Er sagt innerlich ja und ist dankbar für seine Familie und seine Freunde, ohne sich ständig den Kopf zu zerbrechen, ob sie es auch ehrlich meinen.

Kraftquelle Vergebung

Menschliches Miteinander kann nur aus der Vergebung heraus bestehen. Vergebung reinigt immer wieder die Atmosphäre. So kann ich den andern wieder bedingungslos lieben, ohne inneren Vorwurf. Wenn Vergebung nicht geschieht, dann wächst die gegenseitige Aversion. Und irgendwann hat man den Eindruck, dass die Liebe in Hass umgeschlagen ist. Die Vergebung heißt zunächst, dass ich mich von der negativen Energie befreie, die durch die Verletzung in meiner eigenen Seele herumschwimmt und sie verunreinigt. Dann bedeutet Vergebung, dass ich die Verletzung beim andern lasse. Ich gebe sie weg. Ich kreise nicht mehr um sie. Ich benutze die Verletzung nicht als Vorwurf gegen den andern, sondern vergebe sie. Die Vergebung geschieht aber nicht aus einer Position des Stärkeren heraus. Immer vergebe ich zugleich mir selbst *und* dem andern. Nur dann geschieht die Vergebung so, dass der andere sie annehmen kann.

Jenseits der Gefühle

Es gilt, sich einverstanden zu erklären mit der Durchschnittlichkeit der eigenen Liebe und der Liebe des Ehepartners. Wenn ich die Durchschnittlichkeit unserer Liebe betrauere, so führt mich das Betrauern in den Grund meiner Seele. Und dort entdecke ich das große Potential an Liebe, das Gott mir geschenkt hat. Dann kann ich auf einmal die positiven Seiten der Liebe entdecken: Wir gehen fair miteinander um. Wir achten einander. Wir stützen einander. Wir sind einander treu. Das alles ist Ausdruck unserer Liebe. Wir können sie nicht immer in Gefühlen ausdrücken. Die Gefühle kommen und gehen. Doch die Liebe, die jenseits der Gefühle ist, die göttliche Liebe, die als Quelle unsere menschliche Liebe speist, bleibt immer. Von ihr gilt, was Paulus im Hohenlied der Liebe gesagt hat: »Die Liebe hört niemals auf.« (1 Kor 13,8)

Beziehungsarbeit

Beziehung gelingt nicht von allein. Es braucht einen Übungsweg. Letztlich ist es ein spiritueller Übungsweg. Denn auf diesem Weg üben wir die wesentlichen spirituellen Haltungen ein: Achtsamkeit, Ehrfurcht, Liebe, Hingabe, Zuhören, und bedingungsloses Annehmen. Die Arbeit an der Beziehung ist dann auch eine Arbeit an unserer Gesundheit. Denn gesund ist der Mensch nur, wenn er in Beziehung ist zu sich, zu den Dingen, zu den Menschen und zu Gott. Gesund ist nur der, bei dem das Leben strömt. Und strömen kann es nur, wenn es zum anderen hinströmt.

Ein neuer Blick

Wir legen im Alltag den anderen oft fest auf das, was wir von ihm erwarten, oder auf das, was wir von ihm kennen. Da braucht es immer wieder einen Schritt zurück, aus dem Alltagsgeschehen heraus, um von dort aus einen neuen Blick auf den anderen zu werfen. Es ist kein Blick, der analysiert oder beurteilt, sondern ein Blick, der wahrnimmt, der die Wahrheit des anderen aufleuchten lässt. Das Geheimnis des anderen wird in der Wahrnehmung der Vergessenheit entrissen. Im Alltag vergessen wir immer wieder, wer der andere eigentlich ist. Wahrnehmen heißt: Ich erinnere mich an seine eigentliche Wahrheit. Ich nehme seine Wahrheit in die Hand und trage sie gleichsam wie eine kostbare Perle in meiner Hand. Ich vereinnahme diese Perle nicht, sondern schaue auf sie als auf etwas, das so anders ist als ich und das mich doch auch an die Perle in meiner eigenen Seele erinnert.

Kostbare
Freundschaft

Gerade in der Anonymität unserer Zeit braucht es
Orte der Heimat. Sie sind dort, wo ich zu Hause sein
kann. Dort, wo Freunde sind, entsteht Heimat.

Melodie meines Herzens

Der Freund hört genau hin, was mich im Innersten bewegt. Er hört sich in mich hinein, um zu entdecken, was die Grundmelodie meines Lebens ist, er nimmt wahr, wo und wie mein Leben zum Schwingen und Tönen kommt. Er spiegelt mich und erinnert mich an das, was ich im Tiefsten bin. Seine Aufgabe ist also mehr, als mich nur zu verstehen, und mehr, als nur bei mir zu stehen. Er nimmt vielmehr die Melodie meines Herzens in sich hinein, um sie dann wieder neu zum Klingen zu bringen, wenn sie in mir verstummt ist.

Eine höhere Macht ist es letztlich, die Menschen, in denen gleicher Seelenklang ertönt, zueinander führt. Freunde wissen oft selber nicht, warum sie Freunde geworden sind und wie die Freundschaft entstanden ist. Es ist immer etwas Geheimnisvolles um das Werden der Freundschaft. Auf einmal ist sie da. Die Türe in meinem Herzen wurde gerade für diesen Menschen geöffnet.

Im Raum der Freiheit

Innere Freiheit ist nötig, damit Freundschaft gelingen kann, damit Beziehungen wirklich glücken. Wenn zwei aneinander kleben, wenn sie sich ständig vergewissern müssen, was der andere jetzt denkt, dann kann in solcher Enge keine reife Beziehung wachsen. Auch in jeder Bindung brauche ich trotzdem noch Freiheit. Ich binde mich in Freiheit. Und in der Bindung bin ich frei, gibt es in mir einen Raum, über den niemand verfügen kann.

Echte Freundschaft zeichnet sich durch innere Freiheit aus. Ich darf sagen, was ich fühle, ohne alles berechnen zu müssen. Ich bin frei, den Weg zu gehen, den ich als richtig erkannt habe. Ich brauche keine falsche Rücksicht auf den Freund zu nehmen. Ich kann frei atmen. Und ich lasse auch dem Freund den Freiraum, den er für sein Leben braucht.

Geteiltes Glück

Wir können zwar die Schönheit einer Landschaft wahrnehmen und genießen. Aber es drängt uns zugleich, die Schönheit einem anderen mitzuteilen. Gemeinsam durch eine schöne Gegend zu wandern, erhöht das Glück. Das Glück möchte man teilen. Wenn ich es nur für mich behalte, wird es schal. Manchmal genügt es, dem anderen zu zeigen, wie schön der Herbstwald in der Sonne leuchtet oder wie da hinter den Wolken ein Gipfel hervorlugt. Dann schauen die Freunde schweigend in die gleiche Richtung und bewundern das Geschaute. Ein andermal drängt es mich, das, was ich schaue, auch in Worte zu fassen. Das gemeinsame Ringen um Worte vertieft das Erleben. Es teilen zu können, tut beiden gut.

Geteilte Erfahrungen

Zur Freundschaft gehört es, miteinander zu teilen, was jeder für sich erlebt und erkennt und spürt. Im Teilen wird das Erlebte dichter, tiefer, lebendiger. Und im Erzählen und Zuhören wächst die Freundschaft. In Zeiten des Unglücks und in Zeiten der Freude. So hat Buddha das Wesen der Freundschaft verstanden: »In dreifacher Hinsicht zeigt sich die Freundschaft: Man hilft einander, das Unheilsame zu überwinden, das Heilsame zu entfalten, und man verlässt einander nicht im Unglück.« Freunde zeigen sich in der Not. Aber nicht nur. Elie Wiesel erinnert an eine Weisheit des Chassidismus: »Die wahren Freunde erkennt man im Glück, denn nur sie sind nicht eifersüchtig, wenn ihr euch freut.«

Ich darf sein wie ich bin

Bei einem Freund darf ich sein, wie ich bin. Ich werde nicht bewertet. Alles in mir darf sein, alles in mir ist angenommen und geliebt. Freundschaft ist immer gegenseitig. Lieben kann ich auch einen Menschen, der meine Liebe nicht erwidert. Aber Freundschaft braucht immer die Erwiderung des anderen. In der Freundschaft will ich den anderen nicht besitzen. Ich lasse ihn in seiner Andersartigkeit gelten. Und ich lasse ihm den Raum der Freiheit, den er braucht.

Menschen, die uns lieben, werden für uns zu einem Licht. Licht bedeutet Leben, Heil, Glück, Hoffnung, strahlende Schönheit. Es vertreibt Finsternis, die Angst machen kann, und ordnet das Chaos, das wir mit dem Dunkel verbinden.

Vorurteilsfrei

In der Freundschaft berühre ich das Herz des andern mit all seinen Höhen und Tiefen. Ich spüre, was er fühlt und denkt. Ich sehe, was ihn bewegt und bedrängt. Ich verzichte darauf, zu urteilen und zu bewerten. Ich schaue einfach hin und nehme alles so, wie es ist. Wer den Freund oder die Freundin in seiner ganzen Tiefe erkannt hat, der wird nun auch andere Menschen mit einem klareren Blick betrachten. Und er wird darauf verzichten, sie zu beurteilen. Die Freundschaft befähigt ihn, auch andere Menschen vorurteilslos anzunehmen.

Freundschaft ist kostbar. Freundschaft kann man nicht machen. Sie ist immer ein Geschenk.

Aufblühen und wachsen

Freundschaft setzt immer den Glauben an das Gute im anderen voraus. Und Freundschaft verlangt, dass ich mich läutere, damit die Beziehung zum Freund oder zur Freundin immer tiefer wird. Alles, was mein Menschsein behindert, wie Ressentiments, Vorurteile, Hass, Lieblosigkeit, Egoismus, das wird auch die Freundschaft beeinträchtigen. Daher verlangt die Freundschaft, dass ich an mir arbeite. Denn in der Freundschaft möchte ich dem anderen immer näher kommen, ihn immer besser verstehen und zugleich mich seiner Freundschaft würdig erweisen. So steckt in der Freundschaft der Impuls, in meiner Menschlichkeit zu wachsen. Nur so kann die Liebe zwischen zwei Freunden aufblühen und alle Bereiche der Seele durchdringen.

Auf den Flügeln
der Sehnsucht

Sehnsucht macht uns lebendig und weit.
Ohne Sehnsucht verliert die menschliche
Seele ihre Spannkraft.

Spannend

Leben ohne Sehnsucht wird starr. Es verliert seine Spannung. Ohne Sehnsucht wird das Leben sinnlos. Es gibt nichts mehr, auf das der Mensch noch zustreben könnte. Wer kein Ziel mehr hat, wird zwar weitergehen, aber orientierungslos sein. Er könnte ebenso gut stehen bleiben. Ob er geht oder nicht, ob er strebt oder nicht, ob er das Tempo beschleunigt oder nicht – alles ist gleichermaßen ohne Sinn.

Das Wesen des Menschen besteht darin, seine Seele auszuspannen zwischen dem Diesseits und dem Jenseits, zwischen den beglückenden und zugleich enttäuschenden Erfahrungen dieser Welt und der Sehnsucht nach absoluter Liebe und Lebendigkeit. Nur indem er das tut, kommt er wirklich zu sich.

Verweis auf Ewiges

In der Ruhe, die wir in der Sehnsucht finden, leuchtet schon etwas von der ewigen Ruhe auf, die uns im Tod erwartet. Es ist keine tote Ruhe, sondern eine Ruhe, in der wir ganz wir selbst sind, ganz erfüllt. In ihr haben wir teil an der Sabbatruhe des Schöpfers und können mit ihm sagen: »Es ist alles gut.« Das ist dann das höchste Glück. Aber solange wir uns nach Glück sehnen, erfahren wir in der Sehnsucht nach Glück schon das Glück. Wir sind sehnend jetzt schon glücklich. Dennoch brauchen wir dieses Glück nicht festzuhalten, weil es uns verweist auf eines, das ewig bleiben wird.

Wenn wir aufhören, uns zu sehnen, bleiben wir innerlich stehen. Die Sehnsucht weitet das Herz und lässt uns das, was wir täglich erfahren, auf viel intensivere Weise erleben. Der Tod der Sehnsucht wäre also auch das Ende des Glücks. Im Tod stirbt die Sehnsucht nicht, sondern sie kommt an ihr Ziel.

Unser unruhiges Herz

Gott selbst hat uns die Sehnsucht nach ewiger Gemeinschaft mit ihm ins Herz gelegt. Ob wir wollen
oder nicht, in allem, wonach wir leidenschaftlich
suchen, sehnen wir uns letztlich nach Gott. Wenn
wir mit allen Kräften nach Reichtum trachten, so
wird der Besitz unsere Sehnsucht nicht erfüllen.
In der Suche nach Reichtum steckt die Sehnsucht
nach Ruhe. Aber das Fatale ist, dass der Besitz uns
besessen macht und noch mehr in die Unruhe
treibt. Wenn wir nach Erfolg streben, so verbirgt
sich dahinter die Sehnsucht, wertvoll zu sein. Aber
wir wissen zugleich, dass kein Erfolg unsere Sehnsucht zu stillen vermag. Unseren eigentlichen Wert
erfahren wir erst in Gott.

Ein letztes Ziel

Wenn wir unsere Wünsche und Sehnsüchte zu Ende denken, werden wir letztlich immer auf die Sehnsucht nach Gott stoßen. Augustinus hat zeit seines Lebens gesucht: Zuerst in der Beziehung zu einer Frau, dann in der Philosophie, in der Wissenschaft, im Erfolg, in der Freundschaft. Und am Ende musste er sich eingestehen, dass das letzte Ziel seines Suchens Gott war. Erst als er ihn gefunden hatte, kam sein Herz zur Ruhe. Und er sagte von sich: »Ich glaube nicht, dass ich etwas finden kann, wonach ich mich so sehne wie nach Gott.«

Damit Leben erblüht

Die Sehnsucht lässt unser Leben erblühen. Sie zeigt, dass mitten in der Banalität meines Lebens Gottes Glanz aufscheint. Wenn wir Gott nicht spüren – unsere Sehnsucht können wir spüren. Und in der Sehnsucht nach Gott ist schon Gott. In der Sehnsucht nach Liebe ist schon Liebe. In meiner Sehnsucht ist schon der, den ich ersehne: der mir Heimat und Geborgenheit, Erfüllung und Liebe, Licht und Beglückung schenkt.

Lebendig und weit

Saint-Exupéry sagt einmal: »In der Sehnsucht nach Liebe ist schon Liebe.« So können wir folgern: In der Sehnsucht nach Gott ist schon Gott. In der Sehnsucht nach Geborgenheit ist schon Geborgenheit. Statt zu klagen, dass ich zu wenig Liebe erfahre, zu wenig Geborgenheit, zu wenig spirituelles Angerührtsein, nehme ich in mir die Sehnsucht danach wahr. Und in der Sehnsucht ist schon all das, wonach ich mich sehne. Manche jammern, dass ihre Liebe zu einem andern Menschen nicht erfüllt wird. Sie fühlen sich todunglücklich. Auch da ist es besser, statt sich in das Unerfülltsein zu verbeißen, einfach die Liebe zu spüren, die ich in meinem Verliebtsein wahrnehme. In mir ist schon Liebe. In der Sehnsucht nach dem andern spüre ich mich selbst und die Liebe, die in meinem Herzen ist.

Gelassenheit

Wenn ich meine Sehnsucht zulasse, kann ich das Leben in seiner Durchschnittlichkeit, Brüchigkeit und Banalität annehmen. Es muss nicht alle meine Sehnsucht erfüllen. Meine tiefste Sehnsucht kann nur Gott erfüllen. Das lässt mich hier in dieser Welt gelassen und dankbar leben.

Ich setze mich nicht unter Druck. Ich jammere nicht, dass alles, was ich tue, auch begrenzt ist. Ich nehme meine Begrenztheit an, weil die Sehnsucht mich auf die Grenzenlosigkeit Gottes verweist. Meine tiefste Sehnsucht wird nur in Gott und von Gott erfüllt. Das lässt mich gelassen und auch glücklich hier in einer Welt leben, die nicht ideal ist, die oft genug brüchig ist.

Wohnen
im Göttlichen

So oft wir mit unserer Sehnsucht in Berührung sind,
spüren wir den göttlichen Funken in uns, sind wir
in unserer Sehnsucht schon in und bei Gott.

Ich bin besonders

Ich bin ein Gedanke Gottes, der sich in mir aus-
drückt. Und Seele bezeichnet das Geheimnisvolle
in mir, das dem Zugriff der Welt, auch dem Zugriff
des Bewertens, entzogen ist. Seele meint mein un-
verwechselbar Innerstes. Und in diesem Innersten
bin ich auf Gott bezogen. Da übersteige ich diese
Welt. Die Seele ist im Leib und prägt ihn. Umgekehrt hat auch der Leib auf die Seele Einfluss. Das
merken wir, wenn wir krank sind. Wenn wir von
Seele sprechen, meinen wir den Bereich, über den
die Menschen nicht verfügen können und in dem
ich offen bin für Gott, in dem ich in seine Wirklichkeit selbst hineinreiche. Für mich bezeichnet
daher die Seele den göttlichen Glanz meines Inneren, den Reichtum an Ahnungen und Bildern,
die ich in mir vorfinde und die mich alle auf Gott
verweisen. In der Seele hat er seine Spur in mich
eingegraben, um mich immer wieder an sich zu
erinnern.

Achtsam auf Hinweise

Wenn wir Gott vergessen, vergessen wir meistens auch uns selbst. Wir leben nicht in Beziehung zu unserem innersten Wesen, zu unserer Seele. Wir leben nur oberflächlich. Wir füllen die Leere mit Hektik. So kann man eine Zeitlang ganz gut leben. Aber irgendwann meldet sich in uns das Fehlende. Vielen wird das Fehlende gar nicht bewusst, weil sie ständig mit irgendetwas anderem beschäftigt sind. Aber wir dürfen vertrauen, dass Gott sich in Erinnerung bringt, wenn wir ihn vergessen. Das kann durch eine Begegnung geschehen, durch ein Wort, das uns trifft, oder durch eine tiefe Erfahrung, die wir nicht anders beschreiben können als mit Erfahrung von Transzendenz, von Geheimnis, letztlich von Gott. Wir müssen nur in unserem Leben achtsam sein darauf.

Gottes vergessene Sprache

Wir sollten offen sein für Gottes vergessene Sprache in den Träumen und damit rechnen, dass Gott im Traum zu uns sprechen kann. Wenn wir die Träume mit dem Vorurteil abwehren »Träume sind Schäume«, dann werden wir auch nicht auf sie achten und taub bleiben für diese Stimme, die uns nachts im Traum ansprechen möchte. Allerdings sollten wir nicht werten. Wir dürfen nicht sagen: Wer mehr träumt, der lebt bewusster. Alles Werten ist unangebracht. Wir sollen damit rechnen, dass Gott zu uns im Traum spricht. Alles andere sollen wir ihm überlassen.

Atem Gottes, Liebesduft

Ein wichtiger Weg, die Beziehung zu Gott zu spüren, ist für mich der Atem. Der persische Sufipoet Rumi hat einmal gesagt, dass der Atem Gottes Liebesduft ist. Dieses Bild hat mir geholfen, im eigenen Atem die Liebe Gottes zu erfahren. Ich stelle mir vor, wie im Atem Gottes Liebe in mich einströmt und in alle Bereiche meines Leibes und meiner Seele eindringt. Indem ich mit meinem Bewusstsein dem Atem folge, spüre ich die Beziehung zu Gott leibhaftig. Gottes Liebe strömt in mich ein und wird im Atem erfahrbar. Wenn ich tagsüber die Beziehung zu Gott nicht spüre, dann hilft mir, wenn ich wieder bewusst ein- und ausatme und mir vorstelle, dass jetzt in diesem Atemzug Gottes Liebe in mich einfließt. Durch die Vorstellung – verbunden mit dem Atem – kann ich dann für einen Augenblick lang die Beziehung zu Gott wieder spüren.

Beten tut gut

Wir dürfen Gott um alles bitten, für uns oder für andere Menschen. Und manchmal dürfen wir auch erfahren, dass das Gebet etwas bewirkt, sodass es uns oder dem andern besser geht, dass eine Krankheit geheilt wird. Aber das ist nicht selbstverständlich. In jedem Gebet fügen wir hinzu: »Dein Wille geschehe!« Wir können im Gebet Gott nicht zu etwas zwingen. Wir können ihn bitten. Im Bitten verwandelt sich schon unsere Situation. Und manchmal dürfen wir auch das Wunder erfahren, dass sich wirklich etwas wendet. Zumindest verwandelt das Gebet uns. Wenn ich für einen anderen bete, bekomme ich mehr Hoffnung ihm gegenüber und kann ihm so vertrauensvoller begegnen. Oft erkenne ich im Gebet, was ich dem andern sagen könnte. Das Gebet verändert mich und meine Beziehungen. Und ich darf vertrauen, dass Gott im andern neue Gedanken bewirkt, ihn mit Frieden und Zuversicht erfüllt.

Ahnung der Seele

Im Gebet kommen wir in Berührung mit unserer Seele. Da bekommen die inneren Ahnungen der Seele Recht. Da richtet sich unsere Seele auf. Wir spüren, dass wir etwas Besonderes und Einmaliges sind, dass wir göttlich sind, Anteil haben an der göttlichen Natur, dass wir einen weiten Horizont haben, einen göttlichen Glanz, den uns niemand nehmen kann. Die Seele lehrt uns, dass in unserem Inneren ein unermesslicher Reichtum an Möglichkeiten steckt.

Wenn ich bete, spüre ich, dass ich nicht aufgehe im äußeren Tun, in Erfolg und Misserfolg, in gelungenen und misslingenden Beziehungen. In mir ist eine andere Welt, die göttliche Welt, in der meine Seele zu Hause ist. Dort kann ich wohnen, auch wenn mir hier Menschen mein Wohnrecht streitig machen. Dort kann ich leben, auch wenn mich hier Feinde bedrängen. Dort blüht meine Seele auf. Und niemand kann sie mehr beschneiden und beschränken.

Schweigend vor Gott

Schweigen vor Gott besteht darin, dass ich in den inneren Raum des Schweigens eintrete, in dem Gott schon in mir wohnt. In diesem Raum des Schweigens werde ich eins mit Gott und zugleich mit mir selbst. Da kann ich erleben, was Kierkegaard einmal das Baden der Seele im Schweigen genannt hat. Meiner Seele tut das Schweigen gut. Schweigen wird dann wie ein Liegen in der Badewanne. Aller Schmutz fällt von mir ab. Ich kann mich fallen lassen. Ich fühle mich eingehüllt in Gottes Liebe.

Sehnsucht nach dem Größeren

In einer Welt, in der das Geld alles regiert, sehnen wir uns nach etwas, das größer ist: nach Gott, der alles übersteigt. In einer Welt, in der alles rational erklärt wird, in der auch die Gotteserfahrung in der Gehirnforschung bestimmten Bereichen des menschlichen Gehirns zugewiesen wird, suchen wir nach dem Geheimnis, über das wir nicht mehr sprechen, vor dem wir uns vielmehr nur noch verneigen können. In einer Zeit, in der die Sprache immer kälter wird, in der die Ökonomisierung und Verrechtlichung des gesamten Lebens immer mehr um sich greifen, sehnen wir uns nach einer Erfahrung, die den ganzen Menschen betrifft, unsere Gefühle, unsere Leidenschaften, unseren Leib und unsere Seele. Wenn eine dieser Seiten des Menschen zu stark betont wird – heute ist dies sicher die Vernunft –, meldet sich die andere – etwa das Gefühl – umso stärker zu Wort.

Im Seelengrund

Im Seelengrund, in dem innersten Raum der Seele, ist die reine Stille. In dieser Stille wird Gott im Menschen geboren. Meister Eckehart sagt von diesem inneren Raum der Stille: »Im innersten Wesen der Seele, im Fünklein der Vernunft, geschieht die Gottesgeburt. In dem Reinsten, Edelsten und Zartesten, was die Seele zu bieten vermag, da muss es sein: in jenem tiefen Schweigen, dahin nie gelange eine Kreatur noch irgendein Bild.« In diesem inneren Raum der Stille lassen wir alle Bilder von Gott los. Wenn Gott in uns geboren wird, dann hört das Streben unseres Egos auf, ihn für uns selbst zu benutzen. Und umgekehrt gilt: Wenn wir auf unsere Gedanken über Gott verzichten, wenn wir die Bilder, die wir uns von Gott machen, loslassen, dann geben wir Gott die Möglichkeit, in uns geboren zu werden. Gottesgeburt in uns bedeutet, dass wir uns ganz und gar Gott überlassen.

Dankbarkeit – Nahrung für die Seele

Einfach den Augenblick zu leben ist die höchste Kunst. Sie führt zu wahrem Leben: zur Dankbarkeit in jedem Augenblick.

Lebensgrundlage

Unsere Existenz gründet auf der Einsicht: Ich verdanke mich nicht mir selbst. Dass ich überhaupt da bin, ist nicht selbstverständlich. Sich verdanken ist etwas Ursprünglicheres als danken. Ich danke Gott, dass ich existiere, dass er mich täglich mit seinen Gaben beschenkt. Doch wenn ich den Ursprung meiner Existenz bedenke, dann erkenne ich das Mich-Verdanken als die Grundlage, auf der mein Leben steht. Ich bin einer, der sich einem anderen verdankt. Ich bin nicht aus mir selbst, sondern aus Gott. Wer sein eigenes Sein bedenkt, wer über den Grund seines Lebens tiefer nachdenkt, der kann nicht anders als danken. Denn er verdankt sich mit seinem ganzen Sein Gott, dem Ursprung allen Seins.

Geschenk

Dankbarkeit ist die Grundhaltung Gott gegenüber, aber auch dem eigenen Leben gegenüber. Wir sind dankbar für die Liebe, die wir spüren dürfen. Wir erleben, dass die Liebe letztlich immer ein Geschenk ist, das wir uns nicht anrechenbar verdient haben. Sie ist ein Geheimnis, das uns in der Tiefe miteinander verbindet. Diese Dankbarkeit braucht – wie immer in der Spiritualität – wieder einen Ausdruck. Es geht auch darum, die Dankbarkeit im Alltag zu üben und dem andern immer wieder durch ein kleines Zeichen – verbal oder symbolisch – zu zeigen, dass wir wahrnehmen, was er oder sie für uns tut. Wir danken aber nicht nur für das, was er tut, für das, was er uns sagt, sondern auch für sein Sein. Manchmal tut es dem andern gut, einfach zu danken, dass er so ist, wie er ist, dass er an unserer Seite ist, dass wir einander lieben dürfen.

Einverständnis

Wenn Du zu denken anfängst, kannst Du dankbar erkennen, was Dir in Deinem Leben alles gegeben wurde. Du wirst dankbar sein für Deine Eltern, die Dir das Leben gegeben haben. Du wirst nicht nur dankbar sein für die positiven Wurzeln, die Du in Deinen Eltern hast, sondern auch für die Wunden und Verletzungen, die Du von ihnen bekommen hast. Denn auch sie haben Dich zu dem geformt, der Du jetzt bist. Ohne die Wunden wärst Du vielleicht satt und unempfindlich geworden. Du würdest den Menschen neben Dir in seiner Not übersehen. Der Engel der Dankbarkeit möchte Dir die Augen dafür öffnen, dass Dich Dein ganzes Leben hindurch ein Engel Gottes begleitet hat, dass Dich ein Schutzengel vor manchem Unglück bewahrt hat, dass Dein Schutzengel auch die Verletzungen in einen kostbaren Schatz verwandelt hat.

Der Engel der Dankbarkeit schenkt Dir neue Augen, um die Schönheit in der Schöpfung bewusst wahrzunehmen und dankbar zu genießen, die Schönheit der Wiesen und Wälder, die Schönheit der Berge und Täler, die Schönheit des Meeres, der Flüsse und Seen. Du wirst die Grazie der Gazelle bewundern und die Anmut eines Rehes. Du wirst nicht mehr unbewusst durch die Schöpfung gehen, sondern denkend und dankend. Du wirst wahrnehmen, dass Dich in der Schöpfung der liebende Gott berührt und Dir zeigen möchte, wie verschwenderisch er für Dich sorgt.

Wer dankbar auf sein Leben blickt, der wird einverstanden sein mit dem, was ihm widerfahren ist. Er hört auf, gegen sich und sein Schicksal zu rebellieren.

Gebärden der Dankbarkeit

Setze dich bequem hin und halte deine Hände in
Form einer Schale vor dich hin. Betrachte deine
Hände: Was haben diese Hände schon alles ge-
schafft, geformt, gestaltet, auf den Weg gebracht?
Was ist gelungen und was ist misslungen? Was ist
dir aus den Händen geglitten? Was ist Stückwerk
geblieben, was ist zerbrochen? Was hat Gott dir an
Fähigkeiten in die Hand gelegt und was hast du da-
raus gemacht? Halte in deinen Händen dein Leben,
so wie es ist, mit all den Brüchen, mit dem Schei-
tern Gott hin. Verzichte darauf, dein Leben zu bewerten. Halte es in das Erbarmen Gottes. Und dann
stelle dir vor, dass Gottes Hände deine Hände er-
greifen und dass Gott die Scherben deines Lebens
in die Hand nimmt und neu formt. Und stelle dir
vor, dass Gott seine gute Hand über dein Leben hält
und dich segnet. Was dir zwischen den Fingern zer-
ronnen ist, wird so wieder ganz. Was zerbrochen
ist, wird geheilt. Und du beginnst, deinen Händen
wieder zu trauen. Bei allem, was gescheitert ist,

haben sie doch immer wieder zugepackt und nicht aufgegeben. So trau deinen Händen. Gott selbst legt seinen kreativen Geist in deine Hände, damit du von neuem beginnst, dein Leben zu formen, bis es mehr und mehr dem Urbild entspricht, das Gott sich von dir ausgedacht hat.

Eine Gebärde der Dankbarkeit sind auch seit alters die ausgebreiteten, nach oben geöffneten Arme. Sie waren die am weitesten verbreitete Gebetsgebärde der frühen Christen. Diese Gebärde könnte auch uns helfen, Gott für alles zu danken, was er mir heute geschenkt hat. In dieser Gebärde fallen mir die Dinge leichter ein, für die ich dankbar sein kann. Eine Gebärde bewirkt auch etwas. Sie lässt mich selbst in einer neuen Weise erfahren. Mit nach oben geöffneten Armen und Händen erfahre ich innere Freiheit und Weite. Ich bin für Gott offen. Ich bin empfänglich für seine Wohltaten. Und ich fühle, wie meine Seele sich in ihn hinein verströmt, wie ich eins werde mit seiner unendlichen Freiheit und Liebe.

Das einzige Gebet

Meister Eckehart schreibt: »Wenn das einzige Gebet, was du in deinem ganzen Leben sagst, ist: Ich danke dir, das würde genügen.« Viele Menschen bitten Gott, er möge sie doch stärker und gesünder und erfolgreicher machen. Sie können sich nur annehmen, wenn sie so werden, wie sie es sich selbst vorstellen. Dafür möchten sie Gott einspannen. Meister Eckehart meint, das tiefste Gebet sei das Danken. Eckehart sagt gar nicht, wofür wir danken sollen. Das einfache »Ich danke dir« genügt. Das kann ich immer und überall sagen. Wenn mir etwas gelungen ist, bete ich: »Ich danke dir.« Wenn mir etwas misslungen ist, fällt es schon schwerer, dieses Gebet zu sprechen. Doch wenn ich es trotzdem über die Lippen bringe, werde ich das Geschehen anders erleben. Mitten im Misslingen bin ich doch im Frieden mit mir. Ich danke dir, dass ich frei geworden bin von meinen Illusionen. Ich danke, dass ich bei allem, was ist, in Gottes guter Hand bin.

Verzeichnis der Quellen

Die Texte dieses Bandes sind, zum Teil leicht gekürzt, folgenden in den Verlagen Herder und Kreuz erschienenen Publikationen entnommen:

Quellen innerer Kraft. Erschöpfung vermeiden – Positive Energien nutzen. Herder Spektrum Band 5039, 9. Aufl. 2014. S. 11, 13, 16 f., 19 f., 22–28, 41, 74, 85, 114, 146

Kleines Buch der wahren Liebe. Freiburg 2011. S. 18, 54

Das kleine Buch der Engel. Wünsche, die von Herzen kommen, Herder Spektrum Band 7034, 14. Auflage 2014. S. 121 (1), 124 (2), 125 (2)

Das Buch der Lebenskunst. Herder Spektrum Band 5700, 9. Auflage 2014. S. 119, 120, 121 (2), 125 (1)

Mein Wochenritual. 52 Inspirationen für den Alltag. Freiburg 2013. S. 68, 104

Einfach leben. Das große Buch der Spiritualität und Lebenskunst. Herder Spektrum Band 6664, 2. Auflage 2014. S. 15, 96, 127, 133, 150 f.

Das kleine Buch vom guten Leben. Herder Spektrum Band 7044, 7. Auflage 2013. S. 42, 55, 57, 86, 90, 93, 122 f.

Das kleine Buch der Lebenslust. Herder Spektrum Band 7105, 3. Auflage 2014. S. 29, 31, 35 f., 43, 47, 75, 78, 87 f., 100

Kraftvolle Visionen gegen Burnout und Blockaden. Den Flow beflügeln. Kreuz Verlag, Freiburg 2012. S. 14, 50 ff.

Lass die Sorgen, komm in Einklang, Herder Spektrum Band 7055, 4. Auflage 2008. S. 69, 95, 97 f., 102, 144, 152

Kleine Schule der Emotionen. Wie Gefühle uns bestimmen und was unser Leben lebendig macht, 2. Auflage 2014. S. 71, 73, 75 f., 91, 132

Wo ich zu Hause bin. Von der Sehnsucht nach Heimat, Kreuz Verlag, Freiburg 2011. S. 82 f.

Der Engel der Einfachheit und andere himmlische Boten, die das Leben leichter machen, Freiburg 2014. S. 72, 79 (2), 99, 101

50 Engel für das Jahr. Ein Inspirationsbuch, Herder Spektrum 4902, 40. Auflage 2014. S. 30, 56, 61 (2), 66, 79 (1), 81, 148 f.

50 Engel für die Seele. Herder Spektrum 5277, 16. Auflage 2014. S. 32, 44 f., 77, 94, 124 (1), 126, 141 f.

50 Helfer in der Not. Die Heiligen fürs Leben entdecken, Herder Spektrum Band 5288, 8. Auflage 2008. S. 53, 58

Was die Liebe nährt. Beziehung und Spiritualität. Kreuz Verlag, Freiburg 2013. S. 106–109, 113, 115 f., 118, 139, 147

Gesund mit Leib und Seele. Herder Spektrum Band 6666, Freiburg 2013. S. 117

Anselm Grün / Ramona Robben, Grenzen setzen – Grenzen achten. Verlag Herder, 10. Auflage 2014. S. 33 f., 65, 111

Buch der Antworten. Herder Spektrum Band 6265, 2. Auflage 2011. S. 39, 112

Lebensfragen. Orientierung und Sinn finden. Antworten in schwierigen Situationen, Freiburg 2013. S. 38, 67, 84, 136 f., 140

Öffne dein Herz für die Liebe, Kreuz Verlag, Freiburg 2004. S. 60, 61 (1), 62–64

Die Kraft der Liebe spüren, Kreuz Verlag, Freiburg 2003. S. 59

(mit Walter Kohl) Was uns wirklich trägt. Über gelungenes Leben, Freiburg 2014. S. 48 f., 134

(mit Hsin-Ju Wu) Vom spirituellen Umgang mit Träumen. Verlag Kreuz 2014. S. 40, 103, 138

Mystik. Den inneren Raum entdecken, Herder Spektrum Band 6060, 2. Auflage 2011. S. 143 f.

Was soll ich tun? Antworten auf Fragen, die das Leben stellt, Herder Spektrum Band 6330, 2. Auflage 2013. S. 37

Buch der Sehnsucht. Bleib deinen Träumen auf der Spur, Herder Spektrum Band 7104, 12. Auflage 2013. S. 105, 110, 128–131, 135

Einfach leben

Anselm Grün
Einfach Leben. 365 Tagesimpulse von Anselm Grün
160 Seiten | Gebunden
ISBN 978-3-451-00542-8
Einfach leben – 365 Impulse zum Glück: Einen Gedanken mit
in den Tag nehmen, der trägt. Anselm Grüns Worte treffen ins
Herz und verwandeln den Alltag. Zuspruch, der in Durststrecken
zur Quelle neuer Kraft wird.

Anselm Grün
Einfach leben – Mein Wochenritual
52 Inspirationen für den Alltag
160 Seiten | Gebunden mit Leseband
ISBN 978-3-451-00547-3
Einfach leben - durch einfache Rituale können wir diesem Ziel
täglich näherkommen. Ob wir in der Natur sind oder bei uns
zuhause: Rituale unterbrechen den Druck der Zeit. Die schaffen
einen Raum der Stille, lassen uns zur Ruhe kommen und erneu-
ern unsere Lebensenergie.

David Steindl-Rast
Einfach leben – dankbar leben
365 Inspirationen
192 Seiten | Gebunden mit Leseband
ISBN 978-3-451-00548-0
David Steindl-Rast lehrt Dankbarkeit als spirituelle
Grundhaltung. Seine Worte treffen ins Herz und verwandeln
den Alltag. Sie werden zur Quelle neuer Kraft. 365 Worte, die
die Seele nähren: Ein Geschenk für jeden Tag.

In jeder Buchhandlung!

HERDER

Lebenskunst und
Lebensweisheit